Moshe Zuckermann
Israels Schicksal

Bibliografische Information der Deutschen Bibliothek:
Die Deutsche Bibliothek verzeichnet diese Publikation
in der Deutschen Nationalbibliografie.
Detaillierte bibliografische Daten sind im Internet über http://dnb.ddb.de
abrufbar.

Lektorat: Hannes Hofbauer
Gestaltung: Stefan Kraft
Druck: CPI – Clausen & Bosse, Leck
Printed in Germany
ISBN: 978-3-85371-375-4

Fordern Sie die Kataloge unseres Verlags an:

Promedia Verlag
Wickenburggasse 5/12
A-1080 Wien
E-Mail: promedia@mediashop.at
Internet: www.mediashop.at
www.verlag-promedia.de

Moshe Zuckermann

ISRAELS SCHICKSAL

Wie der Zionismus seinen Untergang betreibt

Über den Autor

Moshe Zuckermann, 1949 in Tel-Aviv geboren, ist Professor für Geschichte und Philosophie an der Universität Tel-Aviv. Als Sohn von Holocaust-Überlebenden entschloss er sich nach zehnjährigem Aufenthalt in Deutschland mit 20 Jahren zur Rückkehr nach Israel. Er gilt als profunder Kritiker israelischer Politik. Zuletzt erschien von ihm bei Promedia: »›Antisemit!‹ Ein Vorwurf als Herrschaftsinstrument« (2010, 3. Auflage 2014).

Inhaltsverzeichnis

Vorwort

Im Juli 2014 war es wieder einmal so weit. Ein »Anlass« hatte die Gewaltspirale zwischen Israelis und Palästinensern so hochgeschraubt, dass ein neuer Krieg anstand. Israels Süden, aber auch Tel-Aviv wurden von Hamas-Raketen beschossen; die israelische Luftwaffe bombardierte »strategische Ziele« im Gazastreifen; die Hamas kurbelte die Propaganda des »Widerstands« gegen den »zionistischen Feind« an; das israelische Kabinett bestätigte die Rekrutierung von Zigtausenden Reservisten für eine mögliche Bodenoffensive, die dann auch kam, weil man sich mit einer »neuen strategischen Bedrohung« konfrontiert sah – dem weitverzweigten Tunnelsystem, das vom Gazastreifen bis an den Rand israelischer Siedlungen führt; die Palästinenser haben zum Zeitpunkt der Niederschrift dieser Zeilen bereits weit über 1000 Tote zu verzeichnen, unter ihnen viele Zivilisten, horrend viele Kinder; auf israelischer Seite sind es über 40 Tote, zum größten Teil Soldaten. In Israels Städten warnen Sirenen vor Luftangriffen; ganze Wohngebiete im Gazastreifen sind ein einziger Trümmerhaufen, dem Erdboden gleichgemacht. Das alte Szenario, das alte Spiel, neue Tote, neues Leid. Es war wieder, es ist immer wieder Kriegszeit.

Die Antwort auf die Frage, wie es wieder dazu gekommen war, kann nicht einfach gegeben werden. Sie hängt davon ab, wann man den »Anfang« der diesmaligen Gewalteskalation markiert, mithin, was der »Anlass« dazu war. Oder auch (kindisch gefragt): Wer hat diesmal angefangen? Abgebrühte politische Kommentatoren pflegen in solchem Zusammenhang die Interessenlage zu durchforsten: Die Hamas hatte Interesse am neuen Gewaltausbruch, weil sie sich gegenüber der PLO und in Anbetracht der Schläge, die sie durch israelische Militäraktionen im Westjordanland in den Wochen vor Ausbruch des Krieges erlitten hat, als souverän agierender Faktor profilieren musste. Von Netanjahu heißt es, er habe den bevorstehenden Waffengang nicht gewollt, wobei er aber die Entführung und Ermordung der drei israelischen Jugendlichen dazu instrumentalisiert hatte, einen Keil zwischen Hamas und PLO zu treiben und bei dieser Gelegenheit mit den Infrastrukturen der Hamas in der Westbank aufzuräumen, den »Anlass« also mitkreierte. Avigdor Lieberman, der aus taktischen Machterwägungen seine Partei vom Likud losgelöst hat, nutzte die Gewaltsituation aus, um sich durch forcierte Kriegstreiberei gegenüber Netanjahu zu profilieren. Ganz zu schweigen von Naftali Bennetts rechtsradikaler Agitation für einen massiven Waffengang, bei der machttaktische Überlegungen gekoppelt mit Förderung der Siedlerinteressen, als deren parlamentarischer Vertreter er gelten darf, eine gravierende Rolle spielten.

Man könnte auch wieder die Rolle der wie stets in Kriegszeiten gleichgeschalteten Medien anvisieren, die erneute Versammlung der Bevölkerung ums »nationale Stammesfeuer« sowie die Lust auf Brachialgewalt bei gewissen Militärinstanzen und Publizisten. Dies wäre aber müßig: Es war die ewige Wiederkehr des zur perfiden Ideologie geronnenen »Unabwendbaren«. Dass die eigentliche Ursache dieses Gewaltzirkels im Unwillen zum Frieden wurzelt, wurde erst gar nicht zur Sprache gebracht. Darin wussten sich Hamas und Netanjahus Regierungskoalition verschwistert. Der auf Gewaltlosigkeit setzende Mahmud Abbas ist wohl als Hauptverlierer aus diesem Waffengang hervorgegangen. Im Interesse daran dürfte es ebenfalls ein stilles Einverständnis zwischen Netanjahu und Hamas gegeben haben.

Nicht nur aus aktuellem Anlass wird dieser erneute mörderische Gewaltausbruch am Anfang des Vorwortes zu diesem Band angeführt. Von nicht minderer Bedeutung ist, dass er in seiner Ursache, seinem Ablauf und seiner Auswirkung einer Strukturlogik gehorcht, die im vorliegenden Band Thema ist. Denn es geht in diesem Band um Israel und seine Bereitschaft zum Frieden. Es geht um das historische Projekt des Zionismus als ideologische Raison d'être Israels. Es geht um die Zukunft des zionistischen Israel. Aber auch um mögliche Abgründe im Ursprung.

Die Grundüberlegung, die die Entstehung der vorliegenden Schrift angetrieben hat, ist in meiner eigenen intellektuellen Arbeit neueren Datums angesiedelt. Die Frage, warum sich das zionistische Israel in eine historisch ausweglose Situation manövriert hat, soll hier aus der Logik des Zionismus selbst, also von einer ihm immanenten Perspektive erkundet werden. Aber die Arbeit an den strukturellen Gründen für die anvisierte Grundeinsicht habe ich schon seit vielen Jahren verschiedenen Orts und in unterschiedlichem Rahmen vorgenommen. Ich habe in dieser spezifischen Hinsicht kaum etwas zu revidieren. Aus diesem Grund werden im vorliegenden Band auch, leicht überarbeitet, bereits publizierte Texte aufgenommen. Sie sind unabdingbar für die Argumentation der neuen Grundeinsicht, sind aber unabhängig von dieser entstanden – vielleicht aber fungierten sie zum Zeitpunkt der Entstehung als eine Art Vorbewusstsein für das hier Vorgetragene – die Sorge um Israels Zukunft und um die friedliche Lösung seines Konflikts mit den Palästinensern umtreibt mich ja seit Jahren. Auch in diesem Sinne ist der vorliegende Text als ein stufenweise entstandenes Ganzes zu verstehen, in welchem sich Wiederholungen von Themen und Motiven als Akkumulationsindex, mithin als Schichtung sich zunehmend erweiternder Einsichten in den historischen, gesellschaftlichen und politischen Prozess des Zionismus und der anhand dieser Einsichten argumentativ abgeleiteten Schlussfolgerung begreifen.

Moshe Zuckermann
Tel-Aviv, im Juli 2014

Das Paradoxon

Etwas Elementares an Israels Politik bleibt unentschlüsselt. Dem Augenschein nach ist alles klar, liegt auf der Hand, spricht gleichsam »für sich selbst«; und dennoch wird aus dem vermeintlich Selbstverständlichen nicht die naheliegende Konsequenz gezogen, namentlich die praktische Verwirklichung dessen, was sich zwangsläufig als unentrinnbare Einsicht aufdrängt. Und das Merkwürdige: Alles wurde im vergangenen Jahrzehnt bereits dutzendfach bis ins letzte Detail ausdiskutiert, gerann mithin zum integralen Bestandteil des öffentlichen israelischen Politdiskurses. Um es einfach zu formulieren: Israel steht vor der historischen Entscheidung zwischen der Zwei-Staaten-Lösung, d. h., der Lösung des Konflikts mit den Palästinensern durch Anerkennung eines von den Palästinensern errichteten souveränen Staates an der Seite Israels, und der Lösung des Konflikts durch die Errichtung eines binationalen Staates, eines Staates also, in dem Juden und Palästinenser als gleichwertige Bürger gemeinsam leben würden. Es gibt keine andere strukturelle Möglichkeit außerhalb dieser beiden Grundoptionen. Denn die Ablehnung der Zwei-Staaten-Lösung bedeutet die *objektive* (graduelle) Entstehung einer binationalen Struktur, die, wenn von beiden Seiten akzeptiert, in einen binationalen Staat münden wird; wenn aber von beiden Seiten abgelehnt – und im Hinblick auf die Verfestigung dessen, was im jüdisch-israelischen Diskurs als »demographisch tickende Zeitbombe« apostrophiert wird, zu einem gestandenen Zustand, in dem Juden eine Minorität im eigenen Land bilden –, Israel zu einem Apartheidstaat im vollen Sinne des Wortes werden lassen wird. Diese letzte Möglichkeit wird von der westlichen Welt längerfristig kaum akzeptiert werden können, von den Palästinensern selbst ganz zu schweigen (für viele in der außerwestlichen Welt praktiziert das israelische Okkupationsregime schon seit langem eine vollentfaltete Apartheid-Ideologie); die Isolation Israels würde in diesem Fall Dimensionen annehmen, zu denen im Vergleich der historische Präzedenzfall des internationalen Boykotts gegen den südafrikanischen Apartheidstaat erblassen dürfte, wenn man die geopolitische Explosivität des israelisch-palästinensischen Konflikts in Rechnung stellt – denn der Nahostkonflikt kodiert mehr als »nur« ein herkömmliches Menschenrechtsproblem. Erwähnt sei zudem, dass die Option eines Bevölkerungstransfers im Sinne Meir Kahanes (oder in der gemilderten Version von Rehavam Zeevi und Avigdor Lieberman) hier gar nicht thematisiert zu werden braucht. Denn sie bildet keine historisch reale Lösung des Konflikts, solange sich die Palästinenser ihr widersetzen. Wollte man sie dennoch verwirklichen, würde ein solcher Akt nicht nur zwangsläufig zu einem regionalen Krieg zwischen Israel und der arabischen Welt führen, sondern es ist auch davon auszugehen, dass viele Israelis, einschließlich solcher, die sich der Lösung des israelisch-palästinensischen Konflikts gegenüber gemeinhin apathisch verhalten, eine solche Option ablehnen und sich ihrer Verwirklichung emphatisch widersetzen würden.

Was also letztlich auf der Waagschale liegt, ist der Fortbestand des zionistischen Staates, wie ihn sich der klassische Zionismus vorstellte und als Realität anvisierte (einschließlich des unhinterfragbaren Postulats, wonach Juden stets eine Mehrheit in ihrem Land zu bilden hätten). Die Verweigerung der Zwei-Staaten-Lösung bedeutet, so besehen, die Beschleunigung des historischen Endes des zionistischen Projekts, wie man es bis jetzt gekannt hat. Nichts führt an dieser Schlussfolgerung vorbei. Das besagt nicht, dass es nicht möglich sein werde, als Juden in einem künftig errichteten binationalen Staat zu leben, aber es ist auch klar, dass es sich nicht mehr um einen Staat der Juden handeln würde (auch nicht in der nebulösen Selbstdarstellung eines »jüdisch-demokratischen Staates«), sondern um einen Staat, der nunmehr keine »jüdische Einfärbung« bzw. ausgeprägte »jüdische Lebensweise« einzufordern hätte. Man kann sich das Leben von Juden in einem solchen Staat vorstellen, aber es geht dabei um das *friedliche* Zusammenleben mit Nichtjuden. So lebt ja etwa die Hälfte aller Juden an verschiedenen Orten der Welt bis zum heutigen Tag. Dies ist jedoch mitnichten das Begehren der allermeisten in Israel lebenden jüdischen Bürger. Diese verlangen dezidiert den »ewigen« Fortbestand des Judenstaates; ob nun demokratisch oder theokratisch, auf jeden Fall einen von Juden national beherrschten Staat. Genau dies war ja auch die erklärte ideologische Zielsetzung des politischen Zionismus von seinem Anbeginn – die Gründung einer nationalen Heimstätte für die Juden. Wie lässt sich also erklären, dass Israels offizielle Politik der letzten Jahrzehnte strukturell einen Weg beschreitet, der nicht anders enden kann als mit dem historischen Ende des zionistischen Staates? Wie lässt sich der tatkräftige Aktionismus der israelischen Politpraxis verstehen, der im Gegensatz zu allem, was sämtliche Knesset-Parteien (mit Ausnahme der Kommunisten und der nichtzionistischen arabischen Parteien) als unverbrüchliche Matrix ihrer Grundanschauung (nämlich die Erhaltung Israels als zionistischen Staat) proklamieren, steht bzw. dieses fundamentale Bekenntnis de facto von Grund auf unterminiert?

Eine mögliche Erklärung dafür liegt im Ideologischen. Begreift man Ideologie als falsches Bewusstsein, welches u. a. eine bestehende Realität rechtfertigen und wesentliche Kritik an ihr, mithin alternative Realitätsentwürfe effektiv unterwandern soll, so zeichnet sich die israelische Ideologie, die die Diskrepanz zwischen dem Festhalten am zionistischen Ideal und der realen Verhinderung seiner Verwirklichung zu überbrücken vermeint, durch unterschiedliche Gesinnungskoordinaten aus. Die religiöse Koordinate basiert auf dem Glauben, dass »alles zum Besten gerichtet« sei, »die Ewigkeit Israels nie versagen« werde, das »Volk in Einsamkeit« lebe und sich »nach anderen Völkern nicht zu richten« habe, die Territorien Eretz Israels mithin – Territorien des von Gott »verheißenen Landes« – nicht für besetzt zu erachten seien, daher auch nicht zur politischen Disposition stünden und ohnehin nicht verhandelbar seien. Diese Glaubensideologie steht in keinem Widerspruch zur politischen Praxis, da sie gar nicht erst gefordert ist, Rechenschaft über besagten Widerspruch abzulegen. Wer Gott fundamental vertraut, regt sich kaum je über politisch wie gesellschaftlich wechselnde Konjunkturen auf: Wer selbst noch nach der Shoah an der Doktrin festhält, dass man sich »in jeder Generation« erhebe, »um uns zu vernichten«, aber »Gott rettet uns [stets] vor ihnen«, wird sich nicht allzu schnell davon abschrecken lassen, dass »alle Welt gegen uns« sei – man erwartet von ihm kein rational fundiertes (sondern wenn überhaupt, ein eher zweckrationales) Argument über die Geschichte, ihre Auswirkungen und ihre realen Gefahren: Im hier erörterten Zusammenhang lehrt ihn die Geschichte einzig das, was das unerschütterliche Festhalten am Gottesglauben rechtfertigt.

Aber auch bei der säkularen Ideologiekoordinate, die den Anspruch einer rationalen Fundierung ihrer Gesinnung erheben müsste, stellt sich heraus, dass die ihr zugrunde liegenden Argumente mitnichten darauf aus sind, den offensichtlichen Widerspruch zwischen den entstehenden Realitätsstrukturen und der offiziellen Politik der israelischen Regierungen in den letzten Dekaden zu konfrontieren, geschweige denn, ihn zu beheben. Selbst nachdem man sich von der chimärenhaften Vision eines »Groß-Israels« verabschiedete (mithin eine, wie immer schwache, Einsicht in die Notwendigkeit einer zur verfolgenden Realpolitik demonstrierte), schafften es alle israelischen Regierungen, sich diversen Erklärungen, Apologien und Ausreden zu verschreiben, die allesamt den parteilichen Macht- und Herrschaftserhalt, den stagnierenden »Status quo« bzw. das Dogma der Alternativlosigkeit zu garantieren trachteten: Von der permanenten Postulierung eines amorphen »Recht-des-begangenen-Wegs«, über die Fetischisierung der »Sicherheit« als Schlüsselfaktor der nationalen Prioritätshierarchie (und die »Besiedlung« der besetzten Gebiete als Ableitung vom Primat der »Sicherheit«), bis hin zur dezidierten Proklamation, es gebe »keinen Partner für den Frieden« auf der palästinensischen Seite (bzw. die Erkenntnis, »die Araber« verstünden »nur Gewalt«) und der Selbstbelobigung Israels als der »einzigen Demokratie im Nahen Osten« – stets sah sich Israel »vergewaltigt«, den Weg der realen Lösung des Territorialkonflikts mit den Palästinensern nicht zu begehen, vielmehr genötigt, das Siedlungswerk (als »adäquate zionistische Antwort«) unentwegt zu erweitern, d. h., die notwendigen materiellen Bedingungen für einen wahren Frieden mit den Palästinensern objektiv (»Fakten im Gelände« schaffend) zu verhindern. Zieht man in Betracht, wie sehr sich die religiöse und die säkulare Ideologie miteinander verbandelten, mithin der religiöse Faktor zum integralen Bestandteil der israelischen politischen Kultur und ihrer Praxis mutierte (ein prononciert vormoderner Faktor also in eine sich selbst als modern-fortschrittlich verstehende politische Entität infiltriert wurde); und fügt man dem noch den sich zunehmend verfestigenden Hang des israelischen Diskurses zur Selbstviktimierung hinzu, eine Tendenz, die jede Kritik an Israels Politik und jeden Widerstand gegen diese als »Selbsthass« (seitens Juden) und »Antisemitismus« (seitens Nichtjuden) zu deuten weiß, ermisst man erst eigentlich die Macht des apathischen Sich-ab-findens mit dem krassen Widerspruch zwischen den Grundpostulaten der zionistischen Ideologie (einschließlich der in ihr angelegten nationalen Identität der Juden Israels) und dem, was die Realität ankündigt und strukturell unabweislich generiert.

Die Reproduktion des Musters einer konjunkturellen Kohäsion der israelischen Gesellschaft, ein die »Sicherheit«-Ideologie bedienendes Muster, das sich stets einstellt, wenn Israel in eine

Kriegssituation gerät, sei in diesem Zusammenhang kurz angerissen. Das nationale Tamtam-Getrommel dröhnt, eine größere Militäraktion steht an – im hier anvisierten Fall handelt es sich um »Gegossenes Blei« im Jahre 2009 –, die jüdische Bevölkerung des Landes konsolidiert sich, als sei sie nicht sozial, ethnisch und kulturell zutiefst zersplittert, Parlament und Militär, rechte wie linke Zionisten, Presse, Medien und »Publikum« – alles versammelt sich ums kollektive Stammesfeuer, euphorisiert von den »Erfolgen« der Luftwaffe, einem Festival der Gewaltbarbarei frönend. Die Ernüchterung kommt dann mit den ersten Särgen der gefallenen Soldaten nach vollzogenem Bodeneinsatz, den man so sehr »nicht gewollt« (und doch herbeigesehnt) hat, und der Erkenntnis, man habe nichts im Hinblick auf die militärische Überwindung des Feindes, geschweige denn, auf die Befriedung der Region bewirkt. Ein gleichgeschalteter Diskurs erweist sich als unfähig, den Wirkzusammenhang des Gewaltzirkels zu reflektieren: Dass man nämlich die Hamas selbst hochzüchtete, indem man die PLO demontierte, die Autonomiebehörde ausschaltete und Arafat paralysierte, wie es sich Ariel Sharon über Jahrzehnte erträumt hatte; dass der Abzug aus dem Gazastreifen kein Friedensakt war, wenn man das geräumte Territorium zugleich hermetisch abriegelte und ökonomisch wie zivilgesellschaftlich abwürgte, um sich dann aber zu wundern, wie sich seine Bevölkerung radikalisierte; dass man immer wieder darauf insistierte, keinen Gesprächspartner zu finden, bis die altbekannte Gewalteskalation zum einzig möglichen Modus der »Kommunikation« geriet. Der unmittelbare Grund für den Gewaltausbruch im Jahre 2009 lag im Bedürfnis, das Fiasko des zweiten Libanonkrieges zu kompensieren und daraus das entsprechende Politkapital im gerade laufenden Wahlkampf herauszuschlagen (welcher freilich zeitweilig in Klammern gesetzt wurde). Der tiefere Grund lag darin, dass man sich wie ehedem als ach so friedenswillig präsentierte, ohne im Geringsten die Bereitschaft aufzubringen, den Preis für den Frieden zu zahlen. Und man wusste auch, warum: Zahlte man ihn, erlöschte alsbald das Stammesfeuer, und man sähe sich womöglich einem potenziellen Bürgerkrieg ausgesetzt, der stets angedroht wird und mittlerweile wohl in der Tat das Vorbewusstsein eines jeden jüdischen Israelis kolonisiert hat. Es gibt keine Gewissheit, dass dem so sein werde, gewiss ist aber, dass man damit droht und sich davor fürchtet. Dann schon lieber das periodische Tamtam-Gedröhn – es suhlt sich so schön im Einheitsmorast. Bis zum nächsten Mal wieder, wenn die Reproduktion des Musters vermeintlicher Konsolidierung wieder an der Zeit ist, jenes Einheitsgefühls, das nicht möglich wäre, würde man nicht für den unhinterfragbaren Fortbestand des »ewigen Feindes« sorgen – als fetischistische Bedingung für die konsensuelle Konsolidierung gegen ihn ... und so weiter und so fort.

Von einem Muster ist hier die Rede, das ideologische Werte wie »Sicherheit«, »Alternativlosigkeit« und »kollektive Einheit« zu einem homogenen Ganzen einschmelzt, sich dabei des komplementären Ideologems einer sich zunehmend aufblähenden Selbstviktimisierung bedienend, je mehr die gewaltsame Aggression Israels zunimmt. Es soll unter anderem dafür sorgen, dass sich unter Israels Bürgern keine allzu kritische, keine allzu ehrliche Selbstreflexion herausbildet, welche die der politisch-militärischen Handlungsausrichtung Israels innewohnende Grundlogik zu hinterfragen vermöchte, mithin lästige, das »Recht des begangenen zionistischen Weges« belangende Fragen – vom nationalen Ziel und historischen Zweck dieses Weges ganz zu schweigen. All diese Beobachtungen und Diagnosen verharren indes auf der phänomenologischen Ebene empirischer Beschreibungen von allseits Bekanntem, das sich in fortlaufenden Medienberichten und einem ermüdend perpetuierten Alltagsdiskurs reproduziert. Es bedarf der tieferen Erklärung, warum dem so ist, eine Erklärung, die über das ideologisch präformierte falsche Bewusstsein, die Manipulationsapparaturen der Apologie, den allumfassenden Illusionsmechanismus hinausginge, welche ja allesamt nichts anderes zu bewirken trachten, als die stete Verfestigung der dumpfen Hinnahme einer immerwährenden politischen Stagnation und einer ihr anverwandten historischen Perspektive der Ausweglosigkeit.

Man könnte sich zur Klärung dieses Sachverhalts an den Freud'schen Kategorien des gegen den Lebenstrieb (Eros) – onto- wie philogenetisch – wirkenden Todestrieb (Thanatos) versuchen, an der Möglichkeit also, dass nicht weniger als durch Lebenswillen und Überlebenstrieb die Menschen auch durch Todessehnsucht und eine unbewusste Ausrichtung auf Selbstauflösung angetrieben werden. Davon sei hier abgesehen, und sei's, weil die Gegner Freuds, die die Triftigkeit dieser Kategorie in Abrede stellen, sie als »unwissenschaftlich«, als spekulativ oder auch schlicht als hanebüchen abzutun pflegen. Vorzuziehen ist demnach das Verharren auf einer dem breiten Publikum zugänglicheren Ebene, die die historische Dynamik auch dort zulässt, wo sie sich mit Fragen der politischen Psychologie und der Spannung zwischen dem objektiv Bestehenden und der diesem Bestehenden entgegengesetzten Selbstwahrnehmung befasst. Es lässt sich etwa fragen, ob die in Israel lebenden Juden sich nicht dessen bewusst sind (oder zumindest vorbewusst ahnen), an einem großen historischen Projekt zu partizipieren, das auf geborgter Zeit lebt. Einem Projekt, dessen einzige Aussicht, längerfristig zu überleben, in seinem Vermögen liegt, mit seiner geopolitischen Umwelt in Frieden zu leben, sich indes als unfähig erweist, den Weg, der seinen Fortbestand garantieren würde, zu beschreiten, weil er bei Beschreitung dieses Weges auf etwas verzichten müsste, das sich zu seinem gefestigten Selbstbild entwickelte und formte, ja zum Wesen gerann – einem Wesen, das sich gerade aus dem Gegensatz zum geopolitischen Umfeld speist und das Unterschiedensein von diesem Umfeld, mithin die eingefleischte Feindseligkeit ihm gegenüber sanktioniert. Denn es drängt sich die Frage auf, wie es dazu kam, dass der Zionismus sein Versprechen, den Juden der Welt eine nationale Heimstätte zu errichten, die ihr Leben in Frieden und wahrer Sicherheit garantieren würde, nicht einzuhalten vermochte, vielmehr einen hundertjährigen Kampf um sein Werden und Bestehen mit der trüben Erkenntnis bilanzieren muss, dass der Jude als Individuum nirgends auf der Welt so bedroht ist wie gerade in Israel, und es dementsprechend mitnichten auszuschließen sei, dass die nächste Kollektivkatastrophe des jüdischen Volkes sich gerade im territorialen Bereich des politischen Zionismus ereignen werde. Die politische Führerschaft Israels pflegt ihren Bürgern und der »Welt« zu erklären, wie sehr sie genau dies zu verhindern trachte. Gefragt werden muss gleichwohl, warum sich Israel noch immer in der Situation befindet, in der *dies* die sich dem Land stellende Herausforderung und *dies* das zu Verhindernde ist. Es lässt sich darüber hinaus fragen: Instrumentalisieren Israels Führer das Shoah-Andenken nicht in empörender Weise, um ein militärisches Abenteuer zu rechtfertigen, welches sie irrational-begierig herbeisehnen, das eine reale Katastrophe der israelischen Bevölkerung bewirken könnte? Und warum nimmt das die israelische Bevölkerung in relativer Apathie hin, jedenfalls ohne sich dezidiert gegen diese Möglichkeit zu stemmen? Warum erweist sie sich jedes Mal aufs Neue als passiv und servil gegenüber dem, was sie »heimsucht«, und zeigt sich sogar begeistert von jenen, deren politisches Werk sich zumeist als Reproduktion der Realität herausstellt, in der sich die permanente Bedrohung des in Israel lebenden jüdischen Kollektivs erhält. Man hat versucht, dies mit dem Shoah-Trauma des jüdischen Volkes zu erklären, mit historischen Erschütterungen und Ängsten, die sich in verhärtete ideologische Positionen übersetzen. Es ist an der Zeit zu fragen, ob besagte Erschütterungen und Ängste sich mittlerweile nicht dermaßen gründlich verdinglicht haben, dass sie den Bezug zum historischen Ursprung völlig verloren haben und einzig noch als Mittel der Rationalisierung einer tiefer liegenden Angst fungieren: des Entsetzens vor der Erkenntnis, das gesamte zionistische Projekt sei einen steilen Abhang hinuntergerollt, und gerade jene, die seine Fahnen in überbordendem Pathos und ideologischem Überschwang schwenken, seine Totengräber seien, Förderer seines historischen Endes.

Nun erhebt sich die Frage, ob man über die israelische Bevölkerung überhaupt als eine homogene Entität reden kann? Ist das hier apostrophierte »Israel« nicht eine Abstraktion, die manifeste Kontroversen, Konflikte und reale Gegensätze, welche die israelische Gesellschaft und ihre politische Kultur durchwirken, einebnet? Dem ist gewiss so, man kann das israelische Kollektiv ohne Zweifel historisch differenzierter und strukturell heterogener anvisieren. Dies ginge jedoch an der hier zu erörternden Tiefendimension vorbei: Man kann die zionistische Linke, die an ehrlich gemeinten Friedensidealen festhält, bejubeln (dabei aber auch fragen, warum sie in Israels Parteienlandschaft nur eine verschwindende Minorität bildet); man kann Israels arabische Parteien anführen (sich aber auch fragen, warum sie stets außerhalb des israelischen Konsenses geblieben sind, selbst als Koalitionspartner dessen, der sie als unterstützende politische Kraft ansah); man kann an jenen denken, der vielleicht trotz allem eine Wende herbeiführen und den Friedensweg beschreiten wollte (sich zugleich aber auch fragen, warum er als »Verräter des Zionismus« ermordet wurde). Man kann sich zudem fragen, was der Anteil der »Araber« im Allgemeinen und der Palästinenser im Besonderen an der Verhinderung der Lösung des Nahostkonflikts gewesen sei. In der Tat lässt sich dies fragen und der Versuch unternehmen, die Frage zu beantworten, was aber wiederum an der hier aufgezeigten Fragestellung vorbeigehen würde: Wie lässt sich erklären, dass die zionistische Bevölkerung Israels es nicht schafft (letztlich wohl auch nicht schaffen will), den historischen Weg zu beschreiten, der den längerfristigen Fortbestand des von ihr getragenen historischen Projekts einzig zu garantieren vermöchte? Warum unterstützt sie, was zwangsläufig zum objektiven Ende dieses Projekts führen muss? Der Grund hierfür kann nicht mit letzter Gewissheit benannt werden. Aber wenn es dereinst an der Zeit sein wird, sich Rechenschaft über den (katastrophischen oder sonst wie anders gearteten) Zusammenbruch des zionistischen Projekts abzulegen, wird man nicht an der Frage vorbeikommen, ob das dieses Projekt tragende Kollektivsubjekt an dessen Fähigkeit, unter den historischen Bedingungen seiner Entstehung und gemäß der sein Dasein legitimierenden Koordinaten langfristig zu existieren, jemals wirklich geglaubt hat. Und nach Hunderten von israelischen Friedenssongs, von Filmen über den »Konflikt« und Tausenden von Büchern über den Zionismus, seine Ziele und seine historischen Visionen wird man der elementaren Frage nicht entrinnen können: Wollte Israel jemals den Frieden? Wollte es wirklich längerfristig als zionistischer Judenstaat existieren? Historisch-empirisch wird sich die Antwort darauf von selbst ergeben.

Aspekte der Diaspora-Negation

Schwer vorzustellen, aber es gab einen Moment in der Geschichte des Zionismus, in welchem Deutsch als Unterrichtssprache in (Erez) Israel als reale Option gehandelt wurde. Es handelt sich um eine Episode aus den Jahren 1913-14, die unter dem leicht bombastischen Namen »der Sprachkrieg« in die Annalen eingegangen ist. Mehr als die Tatsache, dass gerade Deutsch, das später vielen Israelis als »Sprache der Täter« galt, eine solche Option darstellte – wer konnte schon im zweiten Jahrzehnt des vorigen Jahrhunderts die von Deutschen am jüdischen Volk verbrochene weltgeschichtliche Katastrophe voraussehen –, erstaunt, dass eine der Seiten in diesem tobenden »Kulturkampf« eine nichtzionistische Körperschaft war: Die »Esra«-Gesellschaft war die Hauptfinanziererin der Institution »Technikum«, späterhin Technion (das weltbekannte Polytechnikum in Haifa), welche gelernte Arbeiter in den technischen Berufen und Ingenieursbereichen heranziehen sollte. Aus praktischen Erwägungen meinte man, Deutsch sei als Lehrsprache in dieser Institution vorzuziehen; nicht nur war ein gewichtiger Teil des potenziellen (deutschsprachigen) Lehrkörpers des Hebräischen nicht mächtig, sondern das Hebräische selbst war noch nicht entwickelt genug, um eine profunde Lehre in besagten wissenschaftlichen technischen Bereichen zu ermöglichen. Die Episode fand schnell ihr Ende, und Hebräisch wurde bekanntlich vorgezogen. Es wurde schließlich zur Nationalsprache des künftig zu errichtenden Staates Israel erkoren.

Dass die Entscheidung über die Nationalsprache der Errichtung des Staates voranging, hatte mit der allgemeinen Anomalie, die die Genesebedingungen der jüdischen Nationalbewegung und ihrer Entwicklung in der Moderne betreffen, zu tun. Diese Anomalie weist einige Dimensionen auf.

Erstens, die zionistische Bewegung war ihrem Wesen nach *reaktiv* – ihr Bestreben, eine nationale Heimstätte für das jüdische Volk zu errichten, wurzelte primär in der Heraufkunft des modernen Antisemitismus im Europa des 19. Jahrhunderts und als Reaktion auf diesen. Der Antisemitismus entfaltete sich im Zeichen der Dialektik der Emanzipation, der die Kollektive ausgesetzt waren, die sich selbst national zu bestimmen und sich als solche im Rahmen der neuen Nationalstaaten zu etablieren begannen. Aber gerade die politisch-gesellschaftliche Emanzipation, von der anfangs die Nationalbewegungen Europas beseelt war, war es auch, die den repressiven Zugang zu den Juden aktuell bestimmte, insoweit diese bestrebt waren, an den verschiedenen nationalen Emanzipationsbewegungen zu partizipieren. Was sehr bald als »das jüdische Problem« (bzw. »die jüdische Frage«) apostrophiert wurde, basierte auf der vermeintlich prinzipiellen Frage, als *was* genau sich die Juden in die neue bürgerliche Gesellschaft integrieren möchten. Als Religion? Als Nation? Als Volk? Alle drei Kategorien sind im traditionellen jüdischen Selbstverständnis nicht voneinander zu trennen. Das allein konnte schlechterdings keine Antwort auf diese Frage bieten, denn die Grundsätze der bürgerlichen Gesellschaft peilten ja gerade die (zumindest theoretische) Trennung von religiöser und bürgerlicher Zugehörigkeit an. Das »jüdische Problem« war, so besehen, eine Erfindung von Nichtjuden, die dem Judentum aufoktroyiert wurde, das sich in die europäischen Aufklärungsprozesse und in deren Auswirkungen nationalstaatlichen und sozial-bürgerlichen Auswirkungen einreihen wollte. Drei fundamentale Zugänge entfalteten sich auf jüdischer Seite als mögliche Lösungen des »Problems«: Assimilation – d. h., Integration in die sich heranbildende bürgerliche Gesellschaft bei Vertuschung der prägnanten Erkennungszeichen der Juden als eine gesonderte Gemeinschaft; in Deutschland wurde diese Ausrichtung als »deutsche Bürger mosaischen Glaubens« kodifiziert. Sozialismus – d. h., Verschmelzung der jüdischen Emanzipation mit der allgemeinmenschlichen Emanzipation; nicht von ungefähr schlossen sich viele Juden europäischen sozialistischen Bewegungen an und traten gar als Revolutionsführer in verschiedenen Zusammenhängen hervor. Zionismus – d. h., die politische Lösung der Errichtung einer nationalen Heimstätte für das jüdische Volk; interessanterweise meinte selbst der universalistisch und sozialistisch gesinnte Mose Hess, dass im Falle der Juden keine andere als die nationale Lösung Bestand haben könne.

Zweitens, der Zionismus als Folgeerscheinung der nationalen Befreiungsbewegungen, die sich in Folge der Französischen Revolution mit all ihren Auswirkungen verbreitete und verfestigte, entbehrte an seinem Anfang die drei notwendigen Vorbedingungen für die Entstehung eines modernen politischen Nationalismus. Denn so unterschiedlich sich die Entfaltung nationaler Formen in England, Frankreich, Deutschland, Italien und anderen westlichen Staaten manifestierte, so war allen gemeinsam die Einheit des Territoriums, auf dem der Nationalstaat gegründet wurde, die Einheit des dieses Territorium bevölkernden Kollektivs qua Nationalkollektiv von Bürgern und die kulturelle Einheit, primär verkörpert in der Etablierung einer anerkannten nationalen Hochsprache. Alle drei Vorbedingungen waren im Falle des Zionismus nicht gegeben: Das Territorium, auf dem der Staat errichtet werden sollte, war weder im Besitz derer, die ihn anvisierten, noch in Besitz derer, die ihn besiedeln sollten. Das Kollektiv, welches die bürgerliche Gemeinschaft dieses Staates stellen sollte, existierte nicht als ein organisches Kollektiv im soziologischen Sinne; die Juden lebten auf unzähligen Ländern in vielen Erdteilen verstreut. Von selbst versteht sich, dass noch keine einheitliche Nationalkultur bestand – sogar um die Nationalsprache musste, wie gesagt, »gekämpft« werden. Das besagt nicht, dass die zionistische Bewegung keine regulative Ideen und praktische Handlungswege besaß, um diesem Grundzustand abzuhelfen. Und doch darf als unabweisbar gelten, dass im Gegensatz zu jeder anderen europäischen Nationalbewegung der Judenstaat nicht als Ergebnis sozialer-politischer Kämpfe innerhalb eines auf einem gegebenen Territorium existierenden Kollektivs (wie im französischen Fall) entstand, auch nicht als Ergebnis der Erhebung gegen einen fremden Besatzer im Territorium des Kollektivs (wie im deutschen Fall), sondern als abstrakte Idee fernab des Territoriums, auf dem sich die Idee künftig verwirklichen sollte. Herzls Diktum »In Basel gründete ich den Jüdischen Staat« ist, so besehen, symptomatisch für die strukturelle Abweichung, die der Etablierung und Entfaltung der Nationalen Befreiungsbewegung des jüdischen Volkes und dem von ihr gestellten Ziel einer Staatsgründung von Anbeginn aneignete. Wenn der »jüdische Staat« in Basel gegründet wurde, wurde er in einem basislosen Überbau gegründet. Seine erste Basis war die reale Wirklichkeit der »Diapora«, nicht die Erez Israels bzw. Palästinas.

Drittens, wenn man das reaktive Moment bei der Entstehung der zionistischen Bewegung mit besagter die materiellen Bedingungen zur Verwirklichung ihrer Ziele belangenden Abweichung miteinander verbindet, lässt sich leicht nachvollziehen, wie sich die Bewegung und ihre Ideologie primär *ex negativo* konsolidierte. Den prononcierten Ausdruck fand dies im Slogan »Negation der Diapora«. Dieser wurde zwar durch das Postulat der Erschaffung des »Neuen Juden« ergänzt, aber es will scheinen, als habe der Zionismus weniger zu bestimmen gewusst, was der »Neue Jude« im Wesen zu sein hätte, als wovon er sich verabschieden sollte: Er sollte nicht mehr den typischen Berufen der Zirkulationssphäre nachgehen (Hausierertum, Handel, Bankwesen etc.), Berufe, in denen sich Juden aus historischen Gründen der Verfolgung und Unterdrückung auszeichneten. Er sollte nicht mehr wehrlos sein, d. h. das ohnmächtige Opfer von Pogromen, Verfolgung und sozialer Exklusion. Und er sollte sich nicht mehr »gebückt« gebärden, identitätslos und national »ohne Rückgrat«, darauf aus, sich seiner nichtjüdischen Umgebung zu assimilieren. Der »Neue Jude« sollte die historische Verneinung des »diasporischen Juden« bilden, wie ihn der Zionismus wahrnahm und verachtete. Der Pionier, der mit einem Arm den Pflug führt und auf der Schulter des anderen das Gewehr trägt, gerann zum ikonischen Bild des »Neuen Juden«, der – über die reale Notwendigkeit, zu arbeiten, den Boden zu bearbeiten und sich vor Feinden in seiner neuen Lebensrealität in Palästina zu wehren, hinaus – vor allem die Abwendung von der diasporischen Wirklichkeit, deren Negation und Liquidierung die Zionisten glorifizierte, symbolisierte.

Das historische Bedürfnis der Diaspora-Negation wurzelte, dem Zionismus zufolge, in zweierlei Notwendigkeiten: Zum einen war der Zionismus in der Tat davon überzeugt, dass die Juden in ihren angestammten Ländern keine Zukunft hätten bzw. eine solche einzig im zu errichtenden zionistischen Staat finden könnten; zum anderen musste aber der Zionismus auf dieser Grundannahme basieren, andernfalls wäre seine eigene Zukunft einem Dauerzweifel ausgesetzt. Einerseits konnte der Zionismus seine Forderung, die »Diaspora« zu liquidieren, insofern rechtfertigen, als das Leben der Juden unter den Bedingungen des Antisemitismus, wie er sich in der Dreyfus-Affäre am Ende des 19. Jahrhunderts manifestierte und seinen katatrophischen Höhepunkt im Holocaust des europäischen Judentums erreichen sollte, gleichsam »für sich selbst« sprach und sozusagen einen historisch-empirischen Beweis für die Berechtigung des zionistischen Postulats abgab. Andererseits sah sich der Zionismus von Anbeginn gezwungen, um sein Raison d'etre und seinen Anspruch, den richtigen Weg begangen zu haben, zu kämpfen, und zwar nicht nur vor der »Welt«, sondern auch vor den Juden selbst. Denn nicht nur erstanden dem schieren zionistischen Gedanken viele Gegner unter den Juden selbst, sondern große Teile des jüdischen Volkes, die sich dem Zionismus nicht grundsätzlich widersetzten und sich dem jüdischen Staat sogar verbunden fühlten, zogen es vor, in diesem nicht zu leben, auch nicht nach dem Holocaust. Der Zionismus verstand sich als nationale Befreiungsbewegung des gesamten jüdischen Volkes, aber nicht so wurde die Idee von einem Gros des jüdischen Volkes verinnerlicht und eingeordnet, zumindest nicht, was seine reale Lebenswirklichkeit anbelangt. Dies muss hervorgehoben werden, denn der israelische Zionismus spricht bis heute von »Diaspora« (*gola*) – und von *alija* (»Aufstieg« = Einwanderung) bzw. *jerida* (»Abstieg« = Auswanderung) –, eine im Wesen ideologische Position, die von vielen Juden gar nicht geteilt wird. Das Postulat der Diaspora-Negation hat im praktischen Aspekt der schieren zionistischen Gründung des Staates einen großen Erfolg errungen; aber es hat im Hinblick auf einen nicht minder bedeutenden Aspekt auch eine Niederlage erlitten: Die »Diaspora« ist für viele Juden bis zum heutigen Tag nicht wirklich negiert worden. Und insofern der Antisemitismus historisch als Antriebskraft für die Genese des Zionismus und die Gründung des Staates Israel fungierte, bedurfte der Zionismus seit jeher der Existenz des Antisemitismus, solange das Projekt der »Diaspora-Negation« nicht vollendet ist; mehr als dass der Zionismus bestrebt gewesen wäre, den Antisemitismus in der Welt auszumerzen, war er gerade an seinem Fortbestand interessiert (als handfeste Evidenz für die Berechtigung des von ihm begangenen Weges).

Ein anderer Aspekt der Ideologie der »Diaspora-Negation« wird nicht wie mit der nötigen Akkuratesse erörtert und für gewöhnlich verdrängt – in einer seinem psycho-historischen Wesen freilich durchaus adäquaten Weise: Die Gründung der zionistischen Bewegung, ihre Zwecke und Ziele verkörperten einen kollektiven »Vatermord«. Das Pathos der Pionierpraxis, so erhebend für die an ihm Partizipierenden er gewesen sein mag, war notwendig mit der Verleugnung des Vaterhauses im Ursprungsland und der Lebenswirklichkeit, die das Vaterhaus symbolisierte, verbunden. Von selbst versteht sich, dass jeder revolutionäre

Akt eine gewisse Erhebung gegen traditionelle Autoritäten und etablierte Institutionen zum Inhalt hat; die zionistische Revolution bildete in dieser Hinsicht keine Ausnahme. Im zionistischen Fall bestand aber eine objektive Affinität zwischen dem Postulat der Aufhebung der diasporischen Wirklichkeit und der Tendenz des europäischen Antisemitismus, Juden auszugrenzen, sie zu verfolgen bis hin zur späterhin erfolgten physischen Vernichtung. Monströs wie immer sich die schiere Idee ausnehmen mag: die »Negation der Diaspora« haben am radikalsten und konsequentesten die Nazis vollzogen. Es erübrigt sich, hervorzuheben, dass es dabei um keine vergleichbaren Motivationen ging: Der Zionismus wollte ja eine nationale Fluchtstätte für die verfolgten Juden der Welt schaffen – zumindest seiner ideologischen Proklamation nach. Aber de facto war der Zionismus von einem unabweisbaren Abscheu vor dem »diasporischen Juden« durchdrungen, einem Abscheu, der komplementär von der Bewunderung des »Neuen Juden« ergänzt wurde – einem Abscheu, der letztendlich nicht allzu entfernt war vom Abscheu des Antisemiten vorm Juden. Nichts zeugt von dieser Konstellation eines dem Schuldgefühl verschwisterten Abscheus prägnanter als die Aggression und der Hass, die viele säkulare Zionisten in Israel orthodoxen Juden gegenüber bis zum heutigen Tag empfinden. Wohl wahr, orthodoxe Juden erregen Zorn, weil sie keinen Militärdienst leisten (und nicht die »Last mittragen«, wie es die falsche Gleichheitsideologie zu verkünden weiß) und weil sie nicht arbeiten gehen (als »Parasiten« wurden sie von einem gewissen israelischen Parteiführer – und von klassischen Antisemiten im 19. Jahrhundert – apostrophiert). Aber das Problem liegt tiefer: Die orthodoxen Juden sind nicht irgendwelche »Anderen« wie etwa die Araber und andere Gojim – sie ähneln in ihrer Erscheinung den Großeltern derer, die ihnen gegenüber Abscheu empfinden; sie sehen aus wie die Gestalten auf den vergilbten Fotos in den Salonvitrinen ihres Elternhauses, ferne, in der Shoah umgekommene Gestalten; sie rufen Hass hervor, weil sie bei der Sirene am Holocaust-Gedenktag nicht wie alle anderen strammstehen – und maßen sich gar die Behauptung an, dass Strammstehen beim Sirenengeheul ein gojischer Brauch sei, Juden sagen in Momenten der Trauer und des Gedenkens Psalmen. Der orthodoxe Jude verkörpert in den Augen des säkularen Juden wie nichts anderes den »diasporischen Juden« – er repräsentiert alles, was der Zionismus bekämpfte und zu negieren trachtete. Und als sich die »Negation« in der Vernichtung der europäischen Juden verwirklichte, verwandelten sich ihre Überlebenden, Verkörperer des »diasporischen Judentums«, zum Gegenstand einer im Wesen ambivalenten Wahrnehmungsbeziehung: Einerseits geronnen die Opfer und die überlebenden (nicht unbedingt die orthodoxen) Juden zum Argument der zionistischen Ideologie; es habe sich endgültig und unwiderlegbar erwiesen, dass der Judenstaat eine historische Notwendigkeit für Erhalt und Fortbestand des jüdischen Volkes sei. Andererseits aber verwandelten sich die Überlebenden (mithin die orthodoxen Juden) nach und nach zum Objekt latenter Schuldgefühle, zur Projektionsfläche unverarbeiteter Elemente des zionistischen Projekts in Bezug auf seine »diasporischen« Ursprünge – die Aggression den orthodoxen Juden gegenüber erweist sich (ungeachtet ihres realpolitischen Kontexts) als fortwährendes Echo des vorbewussten Gefühls, dass »wir von dort kommen«, ein unangenehmes Gefühl, denn genau dies »Diaporische« wollte der Zionismus überwinden, loswerden; aber das »Diasporische« existiert weiterhin, im Zionismus selbst, als sein integraler Bestandteil. Das Verhältnis zu den Holocaust-Überlebenden in den 1950er-Jahren basierte nahezu ausschließlich auf diesem psycho-ideologischen Muster. Der Zionismus funktionalisierte zwar den Holocaust zum Argument der Justifizierung des von ihm begangenen Weges, aber die Holocaust-Überlebenden selbst, deren höllische Realität qua Überlebende und Inkarnation des »Diasporischen« konnte er nicht gebrauchen. Im noch moderaten Fall stellte sich, von den Arroganzgipfeln der in Israel Geborenen herab, die Frage, wieso man sich wie Vieh zur Schlachtbank habe führen lassen. Im aggressiveren gängigen Fall sprach man von »Seifen« (*sabonim*).

Das will wohlverstanden sein: Der Abscheu der jüdisch-orthodoxen Welt vor dem säkularen Zionismus (und letztlich auch vor den Nationalreligiösen) steht der Aversion, die die säkularen Zionisten gegenüber den orthodoxen Lebenswelten empfinden, in nichts nach. Indes, in der historisch entstandenen Konstellation handelt es sich um kein symmetrisches Verhältnis: Die politische, ökonomische und kulturelle Hegemonie wird vom zionistischen Israel gebildet, jenem Israel, welches nahezu alle orthodoxen Juden nicht anerkennen, aber als Staatsbürger von ihm abhängen, und ihre Lebenswirklichkeit einen integralen Bestandteil von ihm darstellen. Die »Diaspora-Negation«, die sich im heutigen Israel primär gegen die orthodoxe Kultur und ihre Ansprüche richtet, ist dem »Antizionismus« der orthodoxen Welt komplementär verschwistert, aber im bestehenden Macht- und Kräfteverhältnis ist sie von einer gänzlich unterschiedlichen Position ideologisch beseelt und politisch aktiv. Im fundamentalen Kampf zwischen beiden hat der Zionismus den Sieg davongetragen.

Das für den hier erörterten Zusammenhang Wesentliche erweist sich freilich an den merkwürdigen Beziehungen, die sich zwischen Siegern und Besiegten in diesem historischen Kampf entfaltet haben. Vom Standpunkt des Zionismus ist die »Diaspora-Negation« nicht beendet worden, seit der Zionismus seinen aktiven historischen Weg angetreten war. Auch als schon klar wurde, dass der Zionismus eine geschichtliche sozio-politische Antithese zum Leben der Juden in dem, was der Zionismus als »Diaspora« ansah, etabliert hatte, und selbst als er mit der Erschaffung der materiellen, moralischen und ideellen Infrastruktur der jüdischen Gemeinschaft in Palästina seine sichtbaren Siege errungen hatte, ja sogar nach der Staatsgründung, ergriff der Zionismus unfassbare Maßnahmen, um seine herrschaftliche Autorität gegen alles (in der jüdischen Welt), was sich für ihn als Gegensatz zu seinen national-ideologischen Aspirationen ausnahm, durchzusetzen. Das Verhältnis zum Jiddisch, der Sprache der osteuropäischen Juden, darf in diesem Zusammenhang als paradigmatisch gelten. Der vehemente Widerstand der »Schutztruppe der hebräischen Sprache« (*gdud meginei ha'safa ha'iwrit*) gegen die Errichtung eines Lehrstuhls für Jiddisch im Jahre 1927 – eine Initiative, die sich in der Tat erst nach der Staatsgründung verwirklichen sollte –, lässt sich noch »nachvollziehen«. Es war die Zeit des sogenannten »Sprachkrieges«. Aber auch folgende Anekdote wird berichtet, und sie darf als symptomatisch gelten für das Maß des blinden Ressentiments, von dem die ideologischen Kämpfer gegen die verpönte Sprache angetrieben waren (die folgenden, ins Deutsche übertragenen Zeilen sind wörtlich dem Text über »Jiddisch« in der hebräischen Wikipedia entnommen, in welchem auch bibliographische Hinweise zur Forschung in diesem Bereich enthalten sind): »Während der sechsten Generalversammlung der Histrauth in Tel-Aviv 1944/45 trug die Partisanin Ruzka Korczak, eine der Führerinnen der Untergrundbewegung in Wilna, einen tragischen und dramatischen Bericht vor, in welchem sie die Geschichte der Vernichtung des Judentums Litauens und Osteuropas einem entsetzten und erschütterten Publikum zu Gehör brachte. Sie trug auf Jiddisch vor. Nach ihrem Vortrag bestieg Ben-Gurion das Podium und eröffnete seine Worte mit dem Satz: ›Soeben sprach hier eine Genossin in einer fremden und unangenehmen Sprache über die Probleme, die …‹. Dies entfachte einen Sturm im Saal, das Publikum schrie und rief: ›Das ist die Sprache, die zwei Drittel des jüdischen Volkes in den letzten Generationen spricht …‹. Aber Ben-Gurion gab nicht nach, er ergriff das Mikrofon und rief: ›fremd und unangenehm, fremd und unangenehm …‹«.

Selbst wenn die Details der Anekdote nicht Wort für Wort

stimmen sollten (obgleich man sie auch nicht unbedingt in Zweifel ziehen muss), stimmt die Anekdote ihrer Tendenz nach mit der allgemeinen hier erörterten ideologischen Richtung: Die entsetzte Erschütterung des Publikums im Jahre 1944 über das den Juden Europas seit Jahren Widerfahrene ist noch nachvollziehbar; die Dimensionen der Shoah waren zum damaligen Zeitpunkt den allermeisten Juden in Palästina noch nicht bekannt, obgleich man davon wusste, dass sie sich ereignet hatten; es wird noch einige Zeit vergehen, bis das Wissen um das volle Ausmaß der kollektiven Katastrophe zu einer historischen psychokollektiven Auseinandersetzung mit ihr herangereift sein wird. Ungleich beunruhigender ist, was Ben-Gurion angesichts des Schreckens und der Erschütterung beschäftigt: Die schiere Tatsache, dass die das Monströse berichtende Partisanin sich des Jiddischen bedient, lässt Ben-Gurion so sehr aus der Fassung geraten, dass selbst als das Publikum über seine Reaktion in helle Empörung ausbrach, er nicht von seinen schmähenden Worte gegen die Sprache abließ, die in seinen Augen die »Diaspora« symbolisierte, vor allem aber eine »unangenehme« Unterwanderung der Sprachideologie des zionistischen Establishments darstellte. Nicht nur »zwei Drittel des jüdischen Volkes in den letzten Generationen« sprach diese Sprache, sondern auch Ben-Gurions Ahnen drückten sich in ihr aus, wie zu vermuten steht, und auch viele der Gefährten seines politischen Wegs und seiner nationalen Mission.

Das institutionalisierte Verhältnis zum Jiddisch änderte sich, wie gesagt, auch nicht nach der Gründung des Staates. Wieder ein wörtliches Zitat aus nämlichem Wikipedia-Text: »Der Boykott gegen das Jiddisch als Teil der Politik der politischen Führung des Jischuw [der jüdischen Gemeinschaft vor der Staatsgründung], weil diese Sprache unvereinbar war mit der zionistischen Idee der nationalen Erneuerung und der Rückkehr zur hebräischen Sprache, setzte sich auch nach der Staatsgründung fort. Im August 1949 wurde das Verbot des Auftritts lokaler Gruppen in jiddischer Sprache beschlossen; zugelassen waren einzig Auftritte in Jiddisch von Gruppen aus dem Ausland. Dzigan und Schumacher, bekannte damalige Komödianten, nützten diese Lücke aus und traten Anfang 1950 als auswärtige Bürger mit großem Erfolg auf. Diese Lücke wurde alsbald geschlossen, und das Komitee für Film- und Theaterzensur bestimmte, dass Gastkünstler nur sechs Wochen in Israel auftreten dürften. Wegen ihres Renommees erhielten Dzigan und Schumacher die Erlaubnis, weiterhin aufzutreten, unter der Auflage freilich, Fragmente auf Hebräisch zu integrieren, die ein Drittel der gesamten Aufführung ausmachten. Es handelte sich dabei um hebräische Lieder, von israelischen Sängerinnen ausgeführt, die als Intermezzi fungierten. Trotz des Verbots wurde im Februar 1951 ein nach dem jiddischen Dramatiker Abraham Goldfaden benanntes Theater gegründet, in welchem jiddisch-sprachige Schauspieler klassische jiddische Stücke aufführten. Wegen des Verbots agierte das Theater nahezu im Untergrund. Am 1 Juli 1951 erließ das Tel-Aviver Bezirksgericht ein Verbot jeglicher weiterer Aktivität des Theaters, und weil dieses Verbot übertreten wurde, machte man dem Hauptdarsteller des Theaters, Nathan Wolfowitz, den Prozess. Er wurde zu einer Geldstrafe von 20 Lirot [israelische Pfund – eine stattliche Summe zu damaliger Zeit] verurteilt. Nachdem das Aufführungsverbot lokaler Ensembles auf Jiddisch aufgehoben wurde, erhob man eine Spezialsteuer für nicht hebräisch aufführende Theater. Zudem wurde der Anteil jiddischer Radiosendungen dezimiert, und es gab auch den Versuch, die Verbreitung jiddischer Zeitungen zu verringern«.

Man kann ohne Übertreibung behaupten, dass Jiddisch in kaum einem anderen Land der Welt so verfolgt wurde wie im Staat der Juden. Dies mögen vor allem jene registrieren, die heute die »aschkenasische« Hegemonie in der israelischen Kultur erbittert beklagen; wenn man die sich über Generationen erstreckende Kultur des zionistischen Establishment als »aschkenasisch« begreift (und nicht als europäisch oder westlich, wie es angemessen wäre), gerät man zwangsläufig in einen Widerspruch, demzufolge dieses Establishment seine eigene sprachliche Grundlage bekämpft. Von selbst versteht sich, dass hier nicht von den Lebenswelten und Privatsphären die Rede ist, in welchen Jiddisch weiterhin als Sprache ihrer ursprünglichen Träger erhalten blieb. Aber auch dort verinnerlichte die Generation der in Israel geborenen aschkenasischen Sabres das pejorative Verhältnis der zionistisch-israelischen Kultur dem Jiddisch als geschmähte »diasporische« Sprache gegenüber. Dies verwundert nicht: Wer sich seiner »diasporischen« Eltern schämte, sich von ihrem Shoah-geprägten Leben abgestoßen fühlte, musste auch ihre Sprache verachten und ablehnen – genau dazu wurde man ja in der Schule und in den Jugendbewegungen erzogen. In mancherlei Hinsicht lässt sich der verlängerte Arm der Doktrin der »Diapora-Negation« an der entfremdeten Beziehung der aschkenasischen Sabres zur Kultur ihrer Eltern erkennen. Auch dies eine Art »Vatermord«, wenn man so will.

Die Zeiten haben sich geändert. Der Jiddisch-Boykott ist schon längst aufgehoben worden. Selbst der Begriff der Diaspora (*galut*), will es scheinen, erfuhr inzwischen eine Transformation im israelischen Politdiskurs. Niemand redet noch von der »Negation der Diaspora«; die »Diaspora« ermöglicht dies nicht mehr, zumindest nicht ihre amerikanischen Vertreter – sie begreift sich einfach nicht mehr als solche und weigert sich, diesbezügliche moralisch-ideologische Vorschriften zu erhalten. Und dennoch scheint dieses ideologische Muster samt seiner emotionalen Grundlage zuweilen auf und durchwirkt das öffentliche Leben Israels: Dies geschieht, wenn bei der Einweihung des neuen Gebäudes von Yad Vashem dessen Repräsentanten sich einfallen lassen, zu behaupten, Israel sei nicht notwendig »die einzige wahre ›Antwort‹« auf den Holocaust, worauf hin sie von Vertretern des Außenministeriums und Regierungsmitgliedern zionistisch-selbstgewiss angerüffelt werden. Dies geschieht, wenn der israelische

Finanzminister Yair Lapid auf Facebook schreibt: »Ein Wort an all jene, die genug haben und nach Europa auswandern. Ihr trefft mich zufällig in Budapest an. Ich bin hierher gekommen, um im Parlament eine Rede gegen den Antisemitismus zu halten und sie daran zu erinnern, wie man hier meinen Vater zu ermorden versuchte, nur weil die Juden keinen eigenen Staat hatten; wie man meinen Großvater im Konzentrationslager umbrachte, wie man die Onkel hungern ließ, wie die Großmutter im letzten Moment dem Todesmarsch entkam. Ihr werdet es mir daher nachsehen, wenn ich Leuten gegenüber ein wenig ungeduldig bin, wenn sie das einzige Land, das die Juden haben, in den Mülleimer zu werfen bereit sind, nur weil es in Berlin bequemer ist« – als hinge dies »bequemer« nicht mit dem Bereich und der Politik des von ihm geleiteten Ministeriums zusammen, und als instrumentalisiere er das Shoah-Andenken nicht als Argument gegen jene, die in Israel aus wirtschaftlichen Gründen nicht so »bequem« leben können, wie er selbst. Dies geschieht auch in den Reden, die der Premierminister und der Staatspräsident in der UNO und letztlich überall auf der Welt halten; und es geschieht natürlich auch als Funktionalisierung des Shoah-Gedenkens gegen jede Kritik an Israels Okkupationspolitik, die aus Europa kommt, und ihr Abschmettern als »antisemitisch« – es geschieht im Grunde immerfort, in unterschiedlichen, auch alltäglichen Zusammenhängen als ein fortwährend belebtes, nie verlöschendes Muster, ein Muster, das immer drängender die verstörende Frage aufkommen lässt, ob es sich dabei um die ideologische Perpetuierung der »Diaspora-Negation«-Doktrin handelt, oder etwa um den späten Sieg der »Diaspora« angesichts einer bedrohlichen Wirklichkeit der historischen Perspektivlosigkeit derer, die die Diaspora um die Emanzipation der Juden zu negieren trachteten und nun allmählich zu begreifen beginnen, dass das historische Projekt des Zionismus, welches sie gegen die »Diaspora« ins Werk gesetzt haben, dabei ist, fehlzuschlagen.

Zweierlei Schuld

Die Psychoanalyse hat das Denken im 20. Jahrhundert revolutioniert. Ihr prominenter Stellenwert lässt sich gleichermaßen an dem Einfluss ablesen, den sie auf die Geistes-, Sozial- und Kulturwissenschaften ausgeübt hat, wie an der Vehemenz, mit der sie von ihren markanten Gegnern immer wieder abgewertet, delegitimiert, ja totgesagt wird. Inwieweit sie freilich das Instrumentarium für eine akkurate Gesellschafts- bzw. politische Analyse bietet, ist weitgehend umstritten. Zwar entfaltete sich schon im Freud'schen Werk neben dem ontogenetischen (also das einzelmenschliche Schicksal betreffenden) auch ein philogenetischer (die kulturelle Entwicklung des gesamten Menschengeschlechts rekonstruierender) Theoriestrang, gleichwohl wurde durch diesen – trotz Freuds imposanter Verknüpfungsversuche – das mit dem Übergang vom Individuellen zum Kollektiven entstehende konzeptuelle Problem keineswegs behoben: Kategorien der Verdrängung, der Rationalisierung, der Sublimation oder des Unbewussten etwa, die man in der psychoanalytischen Theorie des einzelmenschlichen Seelenhaushalts gemeinhin für elementar hält, werden in der überindividuellen Theoriebildung mitnichten als selbstverständlich hingenommen; und wenn sie schon Eingang in die Analyse kollektiven Verhaltens finden, zeichnen sie sich zumeist durch einen eher *isomorphen* Analogiecharakter, die Sprache ihrer Verwendung durch *metaphorisierenden* Vergleich aus.

Und doch ist im theoretischen wie im empirischen Werk der frühen Frankfurter Schule ein (im Nachhinein als gelungen zu bewertender) Versuch unternommen worden, Kategorien makrosoziologischer Gesellschaftsanalyse mit zentralen Kategorien der Psychoanalyse zu verknüpfen. Ausgehend von der Sicht eines wesenhaft repressiven Gesellschaftsbildes, wurden die Sozialisationsstrukturen innerhalb der bürgerlichen Familie, mithin die vom ödipalen Konflikt ausgehenden psychischen Prädispositionen für die Internalisierung von Autorität, somit auch für die autoritäre Beziehung zu jeglicher Form von Herrschaft untersucht. Die politische Brisanz dieses eigenwilligen theoretischen Ansatzes lag darin, dass der Begriff der Ideologie (in seiner Marx'schen Bedeutung als »falsches Bewusstsein«) nunmehr nicht allein in *rationalen* Kategorien einer von der Aufklärung beseelten *Vernunft* gefasst werden konnte, sondern als eine von unbewussten *psychischen Bedürfnissen* (mit)determinierte Bewusstseinslage, die ihrerseits weitreichende Einflüsse auf Weltanschauung und politisches Verhalten von Einzelnen und Gruppen hat, umgedacht werden musste. Paradigmatischen Stellenwert nahm hierbei das Konzept des sogenannten »autoritären Charakters« ein: Als zwar lebensgeschichtlich individuell ausgebildeter, gleichwohl durch den gesellschaftlichen Kontext seiner Entstehung überindividuell ausgeprägter »Sozialcharakter« (wie ihn Erich Fromm nannte), manifestiert sich in ihm die psychisch-emotionale Matrix einer fundamentalen Abhängigkeit von *Autorität*, und zwar sowohl als ein markantes Bedürfnis, Schwächeren gegenüber Autorität auszuüben, als auch als drängendes Verlangen, sich der Autorität von Stärkeren zu unterwerfen. Die von Adorno und anderen darüber geführten Untersuchungen konnten die signifikante Affinität dieser eigentümlichen Form der »Charakterstruktur« zum Faschismus (allgemeiner: zu antidemokratischen sozialen und politischen Formationen) nachweisen. Generell lässt sich sagen, dass ein solcher Ansatz weniger auf lineare Kausalverbindungen zwischen tiefenpsychologischen Determinanten und äußerlichem Verhalten aus ist, als vielmehr auf die abgeleiteten, sehr oft eher schwerlich erkennbaren Ausformungen solcher tiefenpsychologischen Einwirkungen aufs Politische und ihrer Sedimentierung im Bereich des Ideologischen. Gerade deshalb sollte eine Erörterung der Wechselwirkung von Individuell-Psychischem und Kollektiv-Politischem im Sinne des von Adorno seinerzeit gegen Arthur Koestler erhobenen Einwands eingeschränkt werden: »Es gibt keine ›politische Neurose‹, wohl aber beeinflussen psychische Deformationen das politische Verhalten, ohne doch dessen Deformation ganz zu erklären«. Darauf fußend, konnte Adorno darüber hinaus behaupten, die Struktur des Faschismus und die gesamte Technik faschistischer Demagogen sei autoritär, zugleich aber auch ausdrücklich hervorheben, dass »so gewiss der faschistische Agitator bestimmte innere Tendenzen derer aufgreift, an die er sich wendet, so tut er das doch als Agent mächtiger wirtschaftlicher und politischer Interessen«.

Können psychoanalytische Kategorien bei der Analyse der israelischen politischen Kultur – und besonders der auf sie eigentümlich einwirkenden Holocaust-Erinnerung – behilflich sein? Insofern die Frage auf die Beeinflussung politischen Verhaltens durch psychische Deformationen zielt, kann sie gemäß des bisher Dargelegten nur im Sinne des Niederschlags besagter psychischer Deformation im ideologisierten Holocaust-Diskurs der israelischen Gesellschaft bejaht werden. Die empirisch nachweisbaren ideologischen Manifestationen im besagten Diskurs bilden, so besehen, notwendig den Ausgangspunkt für die Analyse. Als paradigmatisches Beispiel für den hier erörterten Zusammenhang mag folgende im März 1999 in der israelischen Tageszeitung *Ma'ariv* veröffentlichte Anzeige der zionistisch-revisionistischen Beitar-Bewegung dienen:

> ES GIBT KEIN ANDERES DEUTSCHLAND!
>
> An den Ministerpräsidenten des Staates Israel, Benjamin Netanjahu
> Von der Weltführung der Beitar-Bewegung.
>
> Der deutsche Botschafter in Israel hat dem Außenminister mitgeteilt,
> aus seiner Sicht sei »Jerusalem nicht die Hauptstadt Israels«.
> Das ist eine Kriegserklärung!
> Als Juden, als Bürger Israels und im Namen der Beitar-Bewegung

> fordern wir die Ausweisung des deutschen Botschafters aus Israel und die Rückberufung des israelischen Botschafters aus Deutschland nach Israel. Es gibt kein neues Deutschland! Die Wurzeln des Dritten Reiches waren schon 1000 Jahre vor dessen Gründung tief in den Herzen der Deutschen verankert, und das Deutschland von heute ist ein Treibhaus für den Judenhass. Von hier bis zum Aufruf zur Vernichtung des jüdischen Staates ist es nur ein kurzer Weg.
> Herr Ministerpräsident – Sie sind heute der höchste Vertreter des jüdischen Volkes. Halten Sie sich unsere sechs Millionen ermordeten Brüder vor Augen, und handeln Sie nach Ihrem Gewissen.
>
> Gezeichnet: Die Weltführung der Beitar-Bewegung

Die Unterschlagung der Tatsache, dass es sich hierbei *nicht* um eine spezifische Mitteilung des deutschen Botschafters handelte, sondern um die des EU-Botschafters, eines Amtes, das zum Zeitpunkt der gemachten Mitteilung zufällig vom deutschen Geschäftsträger im Rahmen der gemeinsamen Außenpolitik der EU bekleidet wurde, mag noch hingenommen werden: Man bedarf stets des eindeutig profilierten Feindes, wenn man sich seines eigenen Profils offenbar dermaßen unsicher ist, dass man darum mit umso größerer, mithin selbstgerecht aufgebauschter Aggression operieren muss. Zu fragen ist freilich, was wohl solchem Aberwitz zugrunde liegen mag. Wie erklärt sich diese »Kriegserklärung«-Rhetorik? Die historisch argumentierende ahistorische Vorstellung von einer tausendjährigen, exklusiv antisemitisch durchwehten, deutschen Vorgeschichte des Dritten Reiches? Die paranoide Idee, dass ein vom heutigen Deutschland ausgehender »Aufruf zur Vernichtung des jüdischen Staates« nahezu unmittelbar bevorstehe? Zwar ist Beitar eine rechte bis rechtsextreme Bewegung und sollte daher nicht als für alle Strömungen der israelischen politischen Kultur repräsentativ gehalten werden; und dennoch enthält obige Anzeige gewisse Motive, die als indikativ für die allgemeine Holocaust-Rezeption in Israel gelten dürften. Um dies zu erörtern, ist es allerdings notwendig, sich zunächst einige Strukturelemente des Zusammenhangs von Holocaust und Zionismus vor Augen zu führen.

Grundsätzlich lässt sich sagen: Nicht nur betrachtete der seit 1945 zunehmend erstarkende Zionismus den Holocaust als das schlagende Argument für die Rechtfertigung seiner politischen Lösung der eben im Holocaust endgültig zur Katastrophe ausgearteten »jüdischen Frage«, sondern er objektivierte diese seine historische Auffassung durch massive Vereinnahmung und Instrumentalisierung des Andenkens der Opfer, darüber hinaus aber auch durch einen seinem Wesen nach politisch-ideologischen Umgang mit den Überlebenden. Hierbei entstand eine *objektive* (d. h. also: als solche *nicht* intendierte) Diskrepanz zwischen den in Israel angekommenen Holocaust-Überlebenden und der staatstragenden zionistischen Ideologie: Denn insofern der auf der Doktrin der Diaspora-Negation basierende staatliche Zionismus den Holocaust als ultimative Manifestation des zu Negierenden begriff, konnte er den überlebenden Subjekten der Katastrophe letztlich nur als exemplarisch lebende Mahnmäler des zu Negierenden begegnen; die Überlebenden personifizierten gleichsam all das, was man mit der sogenannten »nationalen Erneuerung« zu überwinden gedachte, verkörperten mithin paradigmatisch den vom »Neuen Juden« abzulösenden »Diaspora-Juden«. Diese historische Konfrontation wies unterschiedliche Dimensionen auf. Sie reichte von der ignorant-überheblichen Frage vieler Israelis: »Wie konntet ihr euch wie Vieh auf die Schlachtbank führen lassen?« und der mit der Logik dieser Frage einhergehenden Kopplung des »Heldenmuts« an die »Shoah« im Titel des staatsoffiziell ausgerufenen Holocaust-Gedenktags, über das israelische Verstummen um den Holocaust in den 1950er-Jahren bei gleichzeitiger Materialisierung der Sühne im Wiedergutmachungsabkommen von 1952, bis hin zu der mit höchstem zionistischen Pathos proklamierten Ideologie des im neuen Land möglich gewordenen »Neubeginns«. Das will freilich wohlverstanden sein: Viele der

Holocaust-Überlebenden bedurften genau einer *solchen* Ideologie für ihr Überleben, viele wurden gar zionistisch im Sinne einer »Konsequenz« aus dem Grauen der eigenen Biographie. Das ändert allerdings nichts daran, dass die objektiv bestehende Diskrepanz sich auch in der Tat *objektiv* auswirkte, nämlich als eine kaum zu überbrückende Kluft zwischen den individuellen Realitäten der persönlichen Lebenswelten (bzw. *psychischer* Auseinandersetzungen) und der staatlich-offiziellen Sphäre, die diese Lebenswelten nicht nur aus materiellen und politischen Gründen übergehen, sondern den die psychische Welt der Überlebenden beherrschenden Momenten des Opfer-Daseins, der Ohnmacht, des Entsetzens, der Krankheit und der Verzweiflung geradewegs entgegenwirken musste. Dass also dem Bild des gesunden, wehrhaften, produktiven »Neuen Juden« die (wie immer stereotypisierte) Vorstellung vom kranken, schwachen und ohnmächtigen Holocaust-Überlebenden gleichsam gegenüberstand, konnte einzig ideologisch – und zwar durch eine Einheitsideologie der »Heimkehr«, des »Schmelztiegels« und des »Neubeginns« – sozusagen »aufgehoben« werden. Die persönliche Verinnerlichung einer solchen staatlich verordneten »Aufhebung« durch die Holocaust-Überlebenden selbst machte dabei zum einen die (bereits erwähnte) gesellschaftlich legitimierte, *private Überlebensstrategie*, zum anderen aber auch das *kollektiv Ideologische* an dem vom neuen Staat geforderten »neuen Bewusstsein« bzw. der von ihm formulierten »neuen Identität« aus.

Es ist also der »Jude nach Auschwitz«, den sich der Zionismus sehr bald zunutze machen konnte. Der »Jude nach Auschwitz« wurde zum schlagenden Argument der von der säkularen nationalen Bewegung konstruierten Geschichtsteleologie der Juden: Brauchte man noch einen Beweis für die dringend notwendige Errichtung einer jüdischen nationalen Heimstätte, war dieser welthistorisch gleichsam »endgültig« erbracht worden. Da sich aber diese Darstellung von *objektiver* Warte formulierte, mussten die Protagonisten dessen, was man zum nationalen Argument funktionalisierte, ihrer selbstbestimmten (gleichwohl nur schwer rekonstruierbaren) Subjektivität sozusagen »enthoben« werden: Die in der industriellen Massenvernichtung manifestierte Anonymisierung der Opfer setzte sich paradoxerweise in der zionistischen Ideologisierung ihres Schicksals *mutatis mutandis* fort, die sich durch die Erhebung ihres Andenkens zum nationalgeschichtlichen Argument ergab.

So besehen, war das Geschichtsereignis Holocaust und seine zionistisch betriebene Ideologisierung dem Doppelbegriff des Holocaust als Wende – und zwar im Sinne eines Zivilisationsbruches einerseits und eines Angelpunktes der modernen jüdischen Nationalgeschichte andrerseits – von Anbeginn komplementär verschwistert. Denn insofern der Holocaust nicht als Menschheitskatastrophe begriffen wurde, sondern eben als Shoah der Juden, war die Vereinnahmung durch die partikulare – nämlich national ausgerichtete – Sinngebung gewissermaßen strukturell angelegt: Da sich die individuellen Gruppenidentitäten der Ermordeten im »Sechs Millionen«-Kode verflüchtigten, die »Juden« somit zur übergreifenden, Diskrepanzen aufhebenden Kategorie wurden; da darüber hinaus die *nicht* nach Israel emigrierten Überlebenden in ihren neuen Ländern keine klar überschaubare, eigenständige soziale Gruppe ausmachten und die in Israel eingewanderten über Jahre beschwiegen wurden, konnte der Zionismus den vakant gewordenen historischen Raum gleichsam besetzen und mit Sinn ausstatten. Dass dabei dem Sinnlosen als Kulminationspunkt zivilisatorischer Entwicklung – nämlich dem zum Selbstzweck gewordenen Mordexzess, mithin also der Gewissheit um das permanente Potenzial des Rückfalls in die Barbarei – ein quasi »positiver« säkularer Sinn beigemessen werden konnte, machte besagte (historisch durchaus verständliche) Vereinnahmung des Monströsen, nicht nur im Hinblick auf das *partikulare* politische Interesse, sondern auch im Hinblick auf das Wesen dessen, was in Auschwitz geschah – und zwar in seinem gesamtzivilisatorischen, *universellen* Zusammenhang –, zur heteronomen Ideologie. Das mag auch keinesfalls verwundern, denn das Verstummen um den Holocaust (bzw. die anfängliche Unfähigkeit auch nur im Ansatz zu begreifen, was geschehen war) ging ja von Anbeginn mit einem klaren praktischen Interesse einher, und zwar mit der politischen Lösung der »jüdischen Frage«, d. h. also mit der Erhebung der nicht verhinderten Katastrophe zum Argument der Verhinderung einer künftigen. Weil dies aber auch die grundsätzliche Absage an jegliche jüdischen Assimilations- bzw. Akkulturationsbestrebungen bedeutete, versperrte sich die universelle Sicht gewissermaßen wie von selbst. Wohl konnte man die Instrumentalisierung des Holocaust durch das neugegründete Israel und die Materialisierung der Sühne durch das sogenannte »andere Deutschland« als das unausgesprochene Komplementärverhältnis *partikularer* Interessen befürworten, aber Hannah Arendts *Eichmann in Jerusalem* – eben die Vorstellung einer aus moderner Zivilisation erwachsenen *universellen* Banalität des Bösen – musste in Israel bis zum Jahre 1999 unübersetzt bleiben.

Ohne, wie gesagt, auf einzelmenschliche Psychostrukturen zu rekurrieren, wohl aber im Hinblick auf ihre kollektiven Sedimentierungen in der politischen Ideologie, lassen sich in der politischen Kultur des Zionismus zweierlei – letztlich unbewältigte – Gefühle der Schuld ausmachen: Zum einen das Gefühl einer mit der auf dem Rücken der Palästinenser ausgetragenen Staatsgründung einhergehenden Schuld; zum anderen das Gefühl einer eher vor- oder gar unbewussten Schuld, die mit der kulturellen bzw. psychologischen Negation des Diaspora-Judentums im Allgemeinen und der Shoah-Überlebenden im Besonderen zusammenhängt.

Es bedurfte einiger Jahrzehnte intensivster politischer und ideologischer Arbeit, ehe die palästinensische Erfahrung und Wahrnehmung der zionistischen Staatsgründung als Katastrophe (*nakba*) des palästinensischen Volkes einen ersten bescheidenen Eingang in Israels politischen Diskurs finden konnte. Über Jahre wurden die zentralen Ideologeme des zionistischen Narrativs – die Araber hätten sich dem UN-Teilungsplan von 1947 verweigert; es gebe kein palästinensisches Volk; die Palästinenser wären bloß auf die Vernichtung des zionistischen Staates aus etc. – unentwegt perpetuiert, ohne dabei auch nur die Erwägung zuzulassen, dass trotz des möglichen, wie immer auslegbaren Wahrheitskerns dieser Ideologeme, es sich *real* auch um die historische Katastrophe und das leidvolle Exil des anderen Kollektivs, um die unsägliche Zerstörung ganzer Lebenswelten und den Ruin einzelmenschlicher Lebensschicksale handle. Trotz des im 1948er-Krieg an den Palästinensern z.T. *systematisch* verbrochenen Unrechts (wie von neuerer Forschung deutlich zutage gefördert); trotz des seit den 1970er-Jahren zunehmend in die israelische öffentliche Sphäre eindringenden Wissens um die schlimme Leiderfahrung des palästinensischen Exils, und trotz der in der Westbank und im Gazastreifen über Jahrzehnte betriebenen, z.T. höchst brutalen Okkupationsregimes, wurde die palästinensische Leidensgeschichte (von marginalen Ausnahmen abgesehen) nahezu völlig aus der gängigen israelischen Alltagserfahrung, mehr noch aus der Sphäre des offiziellen öffentlichen Diskurses ausgeblendet. Man kann das natürlich mit dem zwischen beiden Kollektiven objektiv bestehenden, zudem politisch formal proklamierten Feindstatus erklären und wegargumentieren wollen: Im Zustand fortwährend perpetuierter, auch von Palästinensern zunehmend angewandter Gewalt gibt es nun mal nicht viel mentalen, geschweige denn politischen Raum für die Anerkennung der Leiderfahrung des Anderen, des »Feindes« zumal. Bedenkt man jedoch, mit welcher Selbstverständlichkeit palästinensische Freischärler in Israels politischer Alltagsrhetorik zu »zweibeinigen Tieren« mutieren konnten; wie es dazu kommen konnte, dass der ehemalige Ministerpräsident Menachem

Begin in der Gestalt des im Beiruter Bunker eingekesselten Jassir Arafat den im Berliner Bunker gefangenen Adolf Hitler gestellt zu haben wähnte; wie überhaupt die durch Israel zu Opfern gewordenen Palästinenser gerade in diesem Land zu »Nachfolgern der Nazis« avancieren konnten – so scheint es, als handle es sich hier um etwas übers gängige Feindbild, über die normale Konfliktrhetorik weit Hinausgehende: um die totale Dämonisierung dessen, an dem man sich fundamental schuldig gemacht hat, mithin um die Abwendung der eigenen kaum erträglichen Schuld und ihre Projektion auf die Quelle des Schuldgefühls, die Opfer.

Dabei steht ein bereits vorhandenes – historisch sozusagen »legitimiertes« – Muster zur Verfügung. Denn insofern die Palästinenser als das konkret Böse figurieren, dieses Böse jedoch im metaphorisierenden Vergleich oder aber auch im Sinne einer »realen« historischen Nachfolge mit dem schlechthin Bösen, den Nazis bzw. dem Holocaust, in Verbindung gebracht wird, erhalten »Palästinenser« und »Nazis« einen gleichsam austauschbaren Stellenwert, wobei die Täter- und Opfer-Kategorien so miteinander vermengt werden, dass man sich noch in der eigenen historisch aufgeladenen Schuld als Opfer vorkommen darf. So erklärt es sich, dass der im Kontext des nahöstlichen Konflikts zum politischen Streitthema avancierte Status von Jerusalem nicht nur im Zusammenhang mit den konkreten Feinden vor Ort, den Palästinensern, sondern auch in der imaginierten Reaktion »der Deutschen« bzw. »Deutschlands« zum Grund für eine »Kriegserklärung« entarten kann. Denn wenn die reale Kriegserklärung gegen die Palästinenser auf »Deutschland« applizierbar ist, so lässt sich auch das paradigmatische Attribut »der Deutschen« als Urheber der Shoah auf die Palästinenser projizieren – handelt es sich doch bei beiden um einen lediglich »kurzen Weg« bis zum »Aufruf zur Vernichtung des jüdischen Staates«. Wenn es also »kein anderes Deutschland gibt« (bzw. geben *darf*), geht dies einher mit der fixen Vorstellung, dass es keine andere als den Nazis vergleichbaren Palästinenser geben könne; denn ihre Entdämonisierung würde zwangsläufig auch die Auseinandersetzung mit der gegen sie aufgeladenen Schuld bedeuten (wie denn die Entdämonisierung Deutschlands über kurz oder lang die Preisgabe des instrumentalisierenden Umgangs mit Deutschlands historischer Schuld zur Folge haben müsste).

Nicht alle Israelis denken freilich in Begriffen besagter Beitar-Zeitungsanzeige, auch zeichnet sich die israelische politische Kultur mitnichten ausschließlich durch jenes extremistische Verhältnis zu den Palästinensern aus. Zu fragen ist aber, ob die friedliche, gleichwohl auf strikte Trennung bestehende Einstellung zu den Palästinensern, welche gängige moderate Positionen charakterisiert, jene liberal-aufgeklärte Tendenz zur pazifizierten Ausgrenzung derer, die man (zu ihrem Besten) am liebsten nicht vor Augen haben möchte, letztlich nicht *auch* auf eine unbewusste Schuldregung zurückzuführen sei. Bekannt ist das Gefühl bewusster Schuld, das viele der auf eine reale historische Aussöhnung mit den Palästinensern ausgerichteten Israelis antreibt. Genauer zu erforschen wäre das Schuldmoment bei jenen, die aus offenkundiger Liberalität auf purifizierende Isolation bestehen, den Opfern also ihre (politische) Freiheit wünschen, um sie dabei loszuwerden.

Eine andere Schuldregung israelischer Zionisten bezieht sich, wie gesagt, auf die im Zionismus ideologisch wie praktisch betriebene kulturelle Negation des Diaspora-Judentums und die zu einem bestimmten historischen Zeitpunkt stattgefundene, mit ebendieser *ideologischen* Negation einhergehende *psychologische* Nichtwahrnehmung der Holocaust-Überlebenden. Es handelt sich hierbei um das Phänomen einer steten »Wiederkehr des Verdrängten«: Der historische Aufbruch des politischen Zionismus in seinen Anfängen verstand sich auch als der Aufstand der jungen Generation gegen die der Älteren. Die generelle »vatermörderische« Liquidierung all dessen, wofür die diasporische Tradition sowohl in den realen Lebenswelten als auch im kulturellen Selbstverständnis der Exil-Juden stand, hatte in ihrer Rigorosität zur Folge, dass der objektive Fortbestand des Diasporischen zur Permanentbedrohung für das Selbstbild des zionistischen »Neuen Juden« wurde, mithin zum Objekt gesteigerter ideologischer wie psychischer Aggression. Das »ungesunde« körperliche Bild des Diaspora-Juden wurde der athletischen Physis des neuen »Muskeljuden« gleichsam als Vorgabe des revolutionär zu Überwindenden gegenübergestellt. Nicht von ungefähr entwickelte sich das hebräische *galuth* (Exil) bzw. das Attribut *galuthi* (exilhaft), sowohl im Sprachgebrauch der staatsoffiziellen Ideologie als auch als Terminus der israelischen Alltagskommunikation zum regelrechten Schimpfwort. Das Problem bestand halt nur darin, dass das Diasporische nicht nur weiterhin *außerhalb* Israels bestehen blieb, sondern auch *innerhalb* der israelischen Gesellschaft, trotz pathetisch proklamierter Schmelztiegel-Ideologie und diverser realer Vermengungsunternehmungen, letztlich nicht »unterzukriegen« bzw. zu überwinden war – sei es in der Erscheinung der orthodoxen (ganz zu schweigen von den ultraorthodoxen) Juden, sei es im Selbstverständnis und Habitus verschiedener ethnischer Gemeinschaften, die sich dem aschkenasisch-säkular idealisierten Bild des *Sabre* bewusst oder unbewusst verweigerten oder doch zumindest objektiv entzogen. Da der Zionismus des massiven Imports der Diaspora-Juden nach Israel für sein politisches Projekt bedurfte, um es gesellschaftlich überhaupt erst in Gang setzen zu können, hat er die fortwährende Präsenz dessen, was er aufzuheben trachtete, *nolens volens* affirmiert, mithin das zu Negierende in die vorgebliche politische Lösung des Diaspora-Problems ganz und gar integriert.

Eine zentrale Rolle spielte – und spielt – in diesem Zusammenhang die religiöse Komponente. Zum einen war der Zionismus durch das Pathos der Selbstbestimmung europäischer Nationalbefreiungsbewegungen *positiv* geprägt; zum anderen war er aber auch von einem gewichtigen *negativen* Faktor beseelt: Denn insofern sich der Zionismus als die autoemanzipatorische Nationalbewegung des »jüdischen Volkes« verstand, das säkular Nationale jedoch von Anbeginn (und in wesentlichem Gegensatz zum messianisch-utopischen Religionsglauben) in konkreten *territorialen* Kategorien artikulierte, musste sich der Zionismus um die Versammlung der in aller Herren Länder verstreuten Diasporagemeinschaften auf dem *vor*bestimmten Territorium des neu zu gründenden Staates Israel »kümmern«. Dass es sich dabei um Palästina als dem »Land der Urväter« handelte, ergab sich für die vorwiegend säkularen Gründungsväter des Zionismus zwangsläufig; nicht nur die tradierte »Sehnsucht« spielte dabei eine Rolle, sondern vor allem die Notwendigkeit, auf einen gemeinsamen Nenner der zutiefst heterogenen, einander zumeist fremden oder entfremdeten Exilgemeinschaften zu rekurrieren, und dieser bestand (von der Warte expliziter *positiver* Bestimmung gesehen) in nichts anderem, als der gemeinsamen *religiösen* Zugehörigkeit. Religion sedimentierte sich, so besehen, von Anfang an als unsichtbarer, gleichwohl integraler Bestandteil der säkularen zionistischen Ideologie.

Was allerdings integraler Bestandteil war, wurde zugleich verdrängt: Nichts bringt bis zum heutigen Tag den säkularen Zionisten in Israel mehr in Rage als der orthodoxe Jude. Dies hat zwar viel mit dem zivilen Selbstverständnis des säkularen Juden zu tun – er mokiert sich darüber, dass der orthodoxe Jude keinen Wehrdienst leistet, dass er trotz seines Antizionismus »parasitär« auf Staatskosten lebt, dass er sich institutionell in Fragen seines Personenstandes und seiner Essgewohnheiten einmischen möchte etc. –; es will jedoch scheinen, als spiele da noch ein anderes Moment mit hinein: Der orthodoxe Jude ist zum einen die leibhaftige Verkörperung des als überwunden Geglaubten, gleichsam der »Beweis« für das mögliche Misslingen des historischen kollektiven »Vatermordes«; er ist zum anderen aber auch – uneingestandener Maßen! – die Inkarnation eines vermeintlich *authentischen* Ursprungs, wenn man will: die Personifizierung eines »wahren« Judentums. Das schlechte Gewissen, das säkulare Israelis oft beschleicht, wenn man sie nach ihrer »jüdischen Identität« fragt, hat u. a. damit zu tun, dass sich die einst ideologisch proklamierte, positive Bestimmung des »Neuen Juden« in Israel als amorph erweist, seitdem die traditionelle Hegemonie der aschkenasisch-säkularen Kultur immer mehr hinterfragt wird, nicht- oder gar anti-zionistische Entwürfe in den israelischen Diskurs eindringen und das Religiöse einen ganz neuen Stellenwert in der Debatte um die »Identität« (der Israelis) erhält. Die berühmte Metapher vom »vollen Wagen« der Religiösen und vom »leeren« der Säkularen ist mittlerweile zur Matrix eines handfesten Kulturkampfes mutiert, bei dem die Säkularen mit großem Zorn »ihr« Land verteidigt wissen wollen, dabei aber doch vom latenten Gefühl der Identitätsminderwertigkeit getrieben sind, dem Ansturm des »wahren« Judentums nichts Rechtes entgegenhalten zu können. Vormodernes vermengt sich da mit Modernem, vor allem aber ist die brisante Debatte von der »Unheimlichkeit« durchherrscht, »etwas« historisch voreilig abgeschrieben zu haben – eben von der »Wiederkehr eines Verdrängten«.

Ähnliches, wenn auch auf anderer Ebene, lässt sich hinsichtlich der Holocaust-Überlebenden sagen. Für den Zionismus stellten sie, wie dargelegt, den endgültigen Beweis für die Berechtigung seines ideologischen Postulats der Diaspora-Negation dar. In diesem instrumentalisierenden Sinne können es sich denn die Verfasser der Beitar-Anzeige bis zum heutigen Tag leisten, den israelischen Ministerpräsidenten aufzufordern, sich »unsere sechs Millionen ermordeten Brüder vor Augen« zu halten, wenn es ihnen darum geht, den deutschen Botschafter wegen eines partikularen, aktuellen politischen Interesses des Landes zu verweisen. Für sehr viel mehr als für solche heteronomen Anliegen hielten »unsere sechs Millionen ermordeten Brüder« in der staatstragenden Zionismus-Ideologie in der Tat nicht her. Da sich jedoch im Postulat der Diaspora-Negation immer schon ein Moment der Schuld sedimentiert hatte, das zionistische Argument aber zugleich um der eigenen *Raison d'être* willen erhalten wurde, musste der Holocaust im ersten Jahrzehnt nach der Staatsgründung beschwiegen, die nach Israel eingewanderten Überlebenden aus dem öffentlichen Diskurs verdrängt werden. Als sich dann aber der israelische Holocaust-Diskurs seiner hegemonialen zionistischen Dimension entledigte, verschiedene Narrative partikularer Lebenswelten und Gemeinschaften sich dabei zunehmend parzellierten, und andere – nichtzionistische – Rezeptionsmuster in die Auseinandersetzung mit der jüdischen Vergangenheit eingingen, erwies sich auch diese erst spät einsetzende Konfrontation mit dem latent immer schon Vorhandenen als die »Wiederkehr eines Verdrängten«: Etwas, das mit der herkömmlichen zionistischen Teleologisierung des Holocaust auf den Staat Israel hin nichts, mit der realen Leiderfahrung der diasporischen Generation der Älteren dafür umso mehr zu tun hatte. Zwar konnte auch diese »Neuentdeckung« flugs zionisiert werden, zugleich ließ sie aber auch das Bewusstsein verdrängter Schuld hinsichtlich des ideologisierten Umgangs mit der Diaspora, vor allem aber mit ihren prototypisierten Protagonisten zu.

Inwieweit freilich diese Schichten psycho-kollektiver Erkenntnis einen Beitrag zur Aufbrechung verkrusteter ideologischer Glaubenssätze und zur Überzeugung in der israelischen politischen Kultur leisten können, muss erst abgewartet werden. Zu leicht lassen sie sich – wie man gerade von der Psychoanalyse her weiß – wegrationalisieren; zu leicht lassen sie sich zudem ideologisch vereinnahmen. Permanente Ideologiekritik ist vonnöten; nicht minder jedoch die Bereitschaft, sich mit dem lange Verdrängten auseinanderzusetzen.

Israel und die Shoah

Wohl kaum je hat sich der konstitutive Charakter eines Geschichtsereignisses für die Gründung und Fortentwicklung eines Staates als so wirkmächtig erwiesen, wie die Shoah für die Errichtung des Staates Israel und der nachfolgenden Herausbildung seines gesellschaftlichen und kulturellen Lebens sowie seiner politischen Kultur. Die Dinge liegen offenbar klar auf der Hand. Denn wenn sich die Staatsgründung Israels als die Errichtung einer nationalen Heimstätte für das exilierte jüdische Volk versteht, die Shoah aber als die aus der diasporischen Heimatlosigkeit geborene Verfolgung und Vernichtung des jüdischen Volkes begriffen wird, so stellt sich der Kausalnexus von Israel und der Shoah gleichsam von selbst her. Kaum anzunehmen, dass sich ein aufgeklärter Mensch heute mit Vorbedacht einfallen ließe, den vom Zionismus so apostrophierten »Judenstaat« völlig getrennt vom modernen Geschichtsereignis des jüdischen Volkes *par excellence* zu denken. »Israel« und »die Shoah« haben sich im Bewusstsein der Menschen nach 1945 als so zusammengehörend eingebrannt, dass es nahezu als Sakrileg erscheinen mag, wenn schon nicht die Shoah getrennt von Israel, so gewiss Israel getrennt von der Shoah zu betrachten.

Dabei liegen die Dinge, genau besehen, ganz und gar nicht klar auf der Hand. Denn nicht nur hatte sich der monströse Völkermord ereignet, bevor es den israelischen Staat überhaupt gegeben hat; nicht nur fand er in einer vom heutigen Israel fernen Region statt und widerfuhr Menschen, die weder israelische Staatsbürger sein konnten noch unbedingt eine Affinität zum künftig zu errichtenden Judenstaat aufwiesen; sondern bis zum heutigen Tag lebt ein Großteil des jüdischen Volkes außerhalb der Grenzen des Staates Israel, und viele der Shoah-Überlebenden kamen nach Gründung des Staates nicht nach Israel, sahen mithin im

Staat der Juden nicht unbedingt den Ort, in dem sie sich bei ihrem Neuanfang nach der Katastrophe einrichten, ihre Lebenswelt etablieren wollten. Schon daran erweist sich, dass die Verbindung von Israel und der Shoah eine eher ideelle ist und im Ideellen – bereits von Anbeginn – sehr stark von einer ideologischen Dimension heteronomer Vereinnahmung durchwirkt war. Denn wenn die vermeintliche Selbstverständlichkeit des Nexus von Israel und der Shoah darauf beruht, dass die Errichtung des Staates Israel gleichsam die »Antwort« des jüdischen Volkes auf die ihm widerfahrene Katastrophe darstellt, dann setzt eine so gedachte Kausalverbindung das Hauptgewicht auf die Staatsgründung, womit die Geschichtskatastrophe der Shoah zum Epiphänomen eines ihr Nachfolgenden, quasi zum Argument gerät. Nimmt man aber die Unsäglichkeit der Shoah ernst, begreift man sie als eine Zäsur in der Menschheitsgeschichte, als einen »Zivilisationsbruch«, dann verbietet sich die sinnstiftende Dimension der israelischen Staatsgründung; sie kann nichts zur Deutung der Shoah beitragen. Der Versuch, die Shoah zu begreifen, gar zu erklären, unterwirft sich somit unweigerlich ihrem *sui generis*. Dieses Postulat ruht in sich selbst, wahrt indes seine genuine Bedeutung auch bei der Aushebung müßiger historiographischer Grabenkämpfe. Nichts ist ärgerlicher, als die in Israel besonders in den 1980er-Jahren aufgeloderten Debatten über die Anstrengungen, die das jüdische Kollektiv im Palästina der prästaatlichen Ära, im *Jischuv*, bei der Rettung von Juden während der Shoah unternommen bzw. eben nicht unternommen habe. Denn unabhängig davon, was die offizielle *Jischuv*-Leitung diesbezüglich anstrengen wollte, nimmt sich die Debatte darüber, gemessen daran, dass die Shoah nun mal die Dimensionen angenommen hat, die sie zur Menschheitskatastrophe hat werden lassen, und der *Jischuv* eben verschwindend wenig zur Judenrettung beigetragen hat bzw. überhaupt hätte beitragen können, als penetrant ideologisch aus, ja entbehrt nicht einer gewissen kollektiv-narzisstischen Selbstgefälligkeit, welche gerade angesichts der schieren Unfassbarkeit der real geschehenen Vernichtungskatastrophe wie blanker Hohn erscheinen muss.

Ein solcher Grundzug zweckhafter Kontextualisierung der Shoah inhärierte freilich den Umgang der staatstragenden Ideologie Israels, des Zionismus, mit der Shoah bereits seit Bestehen des Staates, und zwar strukturell. Der Zionismus musste ja die jüdische Katastrophe in sein Narrativ integrieren, ja er war auf ihre schlüssige Integration gewissermaßen angewiesen. Denn insofern er, wie jede moderne nationale Befreiungsbewegung, die Ideologie des Nationalstaates mit dem Pathos nationaler Emanzipation begründen wollte, war dies in seinem Fall eng an die pejorative Apostrophierung des jüdischen Exillebens als ein geschichtlich zu Überwindendes gekoppelt, eben an das Postulat der Negation der Diaspora. Die Insistenz darauf war in der zionistischen Ideologie umso unabdingbarer, als nicht nur die Idee des jüdischen Nationalstaates in die Welt kam, ehe das Territorium für seine Errichtung zur Verfügung der Ideenträger stand, sondern das jüdische Kollektiv selbst, welches dieses Territorium hätte bevölkern sollen, bestand noch nicht als solches, sondern existierte lediglich als ein in aller Herren Länder verstreutes Volk, dessen moderne nationale Konsolidierung erst noch politisch angekurbelt werden musste. Und da die abstrakte Idee des erst noch zu errichtenden Staates bei den allermeisten Juden zu Beginn des 20. Jahrhunderts zunächst keine allzu große Attraktion auslöste, die Ideologie des politischen Zionismus mithin eine eher untergeordnete Rolle in den Lebenswelten nahezu aller jüdischen Gemeinschaften der Welt spielte, wurde die vorerst abstrakt anvisierte Staatsgründung als Notwendigkeit *ex negativo* begründet, eben als Antwort auf das für unerträglich befundene reale Leben des diasporischen Juden. Vieles kam bei dieser Ideologiebildung zusammen: die Geschichte jüdischen Leidens und jahrhundertealter Verfolgung und Ausgrenzung, der sich im letzten Drittel des

19. Jahrhunderts gerade in Ländern europäischer Aufklärung und moderner Emanzipationsideologie merklich herausbildende Antisemitismus, zugleich aber auch ein gerade der westlichen Aufklärung und den sich emanzipatorisch verstehenden nationalen Befreiungsbewegungen geschuldetes Kollektivpathos der nationalen Selbstbestimmung, die mit der Idee der Geburt des »Neuen Juden« einherging. Die Vorstellung davon, was dieser »Neue Jude« zu sein hätte, war zunächst unbestimmt im Vergleich zu der, was er *nicht* mehr sein sollte – nämlich der diasporische Jude. Nicht übertrieben ist, so besehen, die Behauptung, dass der vom klassischen Zionismus idealisierte »Neue Jude« sich negativbildlich von der Pejoration des diasporischen Juden herleitete. Alles, was dieser (vermeintlich) war, sollte jener gefälligst abstreifen: die *Wehrlosigkeit* gegenüber den Gewaltübergriffen und Ausgrenzungspraktiken der nichtjüdischen Umwelt; seine ökonomische *Unproduktivität* als typischer Vertreter der oberen und unteren Sphären der Kapital- und Warenzirkulation; die *Gebücktheit* und *Servilität* in seiner gesellschaftlichen Identität und seinem diasporisch geprägten kulturellen Selbstverständnis. Nicht von ungefähr bediente sich diese zionistisch ideologisierte Konstruktion des »diasporischen Juden« oft einer Bild- und Begriffswelt, die dem Repertoire der klassischen antisemitischen Vorstellungswelt entnommen zu sein schien: Beide, Antisemitismus wie Zionismus, waren darauf bedacht, den diasporischen Juden transformierend aufzuheben – der Antisemitismus in seiner »gemäßigten« Form kraft der liberalen Forderung, der Jude solle sich seines »Jude«seins entschlagen, in seiner eliminatorischen Ausbildung vermittels einer bis zum Genozid reichenden physischen Vernichtungspraxis; der Zionismus in den meisten seiner politischen Formen und Varianten durch sein Zentralpostulat der Eliminierung allen diasporischen Daseins, was nicht zuletzt auch die Selbstaufgabe real existierender Lebenswelten und traditioneller Kulturpraktiken meinte, die die nationale, im Nationalen

aber eben auch die individuelle »Selbstemanzipation« einläuten sollte. Das will wohlverstanden sein: Dass der Antisemitismus den Juden schlechthin loswerden wollte, der Zionismus hingegen »nur« den diasporischen; dass der Antisemitismus einer repressiven Ideologie das Wort redete, der Zionismus sich demgegenüber als emanzipativ verstand, ändert nichts an der Tatsache, dass sowohl die antisemitische als auch die zionistische Juden-Ideologie sich eines »Juden«-Bildes bedienten, die das Abschätzige und Verhasste in den Vordergrund stellte und das »Neue« (ob als »judenreines« Deutschland oder als ein Israel des »Neuen Juden«) in erster Linie aus dem Negativen zu begründen trachteten. Nachdenkenswert wäre in diesem Zusammenhang, was es bis zum heutigen Tag mit dem virulenten Hass vieler säkularer Juden in Israel auf Orthodoxe und Ultraorthodoxe (besonders, wenn sie sich dezidiert antizionistisch geben) auf sich habe. Jargon und rhetorischer Duktus der (erstaunlich erfolgreichen) Shinui-Partei bei den Knesset-Wahlen vor einigen Jahren wären, in einen nichtjüdischen Kontext gesetzt, zweifellos als antisemitisch gewertet worden.

War nun aber der Zionismus in seiner Beziehung zum diasporischen jüdischen Leben ideologisch aufs Pejorative eingeschworen, so reihte sich die Shoah in den Logos seines (trans)historischen Narrativs und politischen Selbstverständnisses nahtlos ein. Denn das Ideologische des Pejorativen lag ja in seiner funktionalen Verwertbarkeit für die nationale Selbstvergewisserung: Bedurfte es nämlich noch eines endgültigen historischen Beweises für die Aussichtslosigkeit jüdischer gesellschaftlicher und politischer Emanzipation *außerhalb* des Zionismus bzw. des zionistischen Staates, so war dieser mit der Shoah gleichsam ultimativ erbracht worden. Mehr noch: Das, was der klassische politische Zionismus noch als ein unwürdiges Dasein ansah, erwies sich nunmehr als eine alle Vorstellungen herkömmlicher Katastrophenbeschwörung bei weitem übersteigende Existenzbedrohung eines gesamten Volkes. Die historische *Notwendigkeit* des zionistischen Staates, mithin die vermeintliche Unabdingbarkeit des Zionismus für das Fortbestehen des jüdischen Volkes, war mit Auschwitz zur ideologisch eingebetteten, zweckrationalen Gewissheit avanciert. Wenn sich nun aber die *Raison d'être* des Staates von der Monstrosität des Völkermords herleitete, musste die Shoah eine wesentliche Funktion bei der ideologischen Konsolidierung des sich unter äußerst schwierigen historischen, politischen und militärischen Bedingungen herausbildenden Selbstverständnisses der neuerschaffenen israelischen Kollektivität erfüllen. Die Shoah hatte Israel objektiv notwendig gemacht; sie musste nun für die ideologische Perpetuierung der Notwendigkeit herhalten.

Die Doppelbödigkeit besagter Funktion erwies sich in erster Linie am Verhältnis der sich nach der Staatsgründung in Israel herauskristallisierenden jüdischen Gesellschaft zu den jüngst ins Land eingewanderten Shoah-Überlebenden. Was immer man im Nachhinein für Gründe dafür anführen mag, dass die Shoah im Israel der 1950er-Jahre öffentlich weitgehend beschwiegen wurde, insofern sie nicht staatliche bzw. kollektive Belange der Shoah-Auswirkung (wie etwa die heftigen Debatten um die Wiedergutmachungsabkommen von 1952 oder den Skandal um den Kastner-Prozess) tangierte, gewiss ist, dass die Überlebenden dabei eine prekäre Rolle spielten. Denn zwar war die Shoah im Israel jener frühen Jahre öffentlich präsent, institutionell gar durch die Festlegung eines Gedenktages und die Errichtung eines Museums staatlich »etabliert«, aber die Überlebenden der Katastrophe, die realen Individualsubjekte der historischen Leiderfahrung, zeichneten sich *als solche*, als Shoah-Überlebende, durch eine eigentümliche *Abwesenheit* aus, wenn sie nicht gerade im Kontext eines Shoah-bezogenen Ereignisses von staatlich-öffentlicher Tragweite auftraten. Gewiss mögen sich dabei psychische und sozialpsychologische Faktoren ausgewirkt haben – zu nah lag noch das Trauma der Geschichtskatastrophe, als dass eine ernste Auseinandersetzung mit ihr hätte stattfinden können, zumal sich viele Shoah-Überlebende selbst bewusster Verdrängung verschrieben, nicht zuletzt, um sich den harschen Herausforderungen eines lebensgeschichtlichen Neubeginns im neuen Land zu stellen. Und doch bediente das öffentliche Beschweigen dessen, was sich in den Privatsphären der Überlebenden an nachwirkender Leiderfahrung zutrug, ein ideologisches Grundbedürfnis, das sich in jenen Jahren zum regelrechten Muster verfestigte: Erhärtete zum einen die Ankunft der Überlebenden im neuen Land das zionistische Selbstverständnis als Zufluchtsort und neue Heimat verfolgter Juden, so war zum anderen das, was sie als ultimative Verfolgte, Erniedrigte und Geschundene darstellten, genau das Gegenteil von dem, was die zionistische Ideologie mit der Gestalt des »Neuen Juden« heraufzubeschwören trachtete. Verkörperten also die Shoah-Überlebenden mit ihrem Lebensschicksal das zentrale zionistische Argument für die geforderte Diaspora-Negation, so brachten sie zugleich mit den sozialen und psychischen Auswirkungen dieses Lebensschicksals das verachtete Diasporische schlechthin ins neue Land ein, manifestierten gleichsam mit ihrer schieren Präsenz das, was im Selbstbild der »Alteingesessenen«, der in der *Jischuv*-Zeit ins prästaatliche Palästina eingewanderten bzw. in ihm geborenen Juden, als überwunden galt bzw. als überwunden zu gelten hatte. Nichts bezeugt mehr die von dieser Diskrepanz herrührende Entfremdung den Überlebenden gegenüber, als die berüchtigte Frage, die ihnen in jenen Jahren immer wieder gestellt wurde: Wie konntet ihr euch wie Vieh auf die Schlachtbank führen lassen? Nicht nur spiegelt sich in dieser Frage die erbärmliche Ignoranz, mit der eine ganze Generation geschlagen war, mithin das totale Unvermögen, auch nur im Ansatz zu begreifen, was sich in den Vernichtungslagern zugetragen hatte, sondern strotzte auch vor selbstgefälliger Überheblichkeit und der narzisstischen Arroganz einer Generation von Nachgeborenen, die bereits deutlich unter dem ideologischen

Bann des *wehrhaften* Neuen Juden standen. Die Begegnung zwischen den Shoah-Überlebenden und dem zionistischen Staat, in welchem sie ihr Leben neu einrichten wollten, erwies sich in den Anfangsjahren als tragisch – nicht zuletzt, weil die staatsoffizielle Ideologie die Überlebenden über die Zionisierung des Katastrophenereignisses, das sie zu Opfern hatte werden lassen, aus dem Gesichtsfeld des öffentlichen Diskurses verdrängte bzw. – ärger – zum ideologischen Argument verkommen ließ.

Dieses Grundmuster ideologisch vereinnahmender Instrumentalisierung der Shoah sedimentierte sich über die Jahre in unterschiedlichen Bereichen der israelischen politischen Kultur. Nicht nur bediente man sich dem Ausland gegenüber der »Shoah« als Argument für die (zumeist manipulative, allemal heteronome) Durchsetzung politischer, diplomatischer sowie militärischer und ökonomischer Ziele, auch im innerisraelischen Diskurs musste die »Shoah« als erbärmliche Pathosformel zur Förderung jedes nur erdenklichen Partikularinteresses herhalten. Nicht übertrieben ist die Behauptung, dass nirgends auf der Welt die Banalisierung der Shoah, mitunter ihre Trivialisierung durch inflationäre Verwendung in einer hanebüchenen Alltagsrhetorik so unverhohlen skrupellos betrieben wird, wie in dem Land, das die Einzigartigkeit, mithin die Unvergleichbarkeit der Shoah auf seine staatsoffiziellen Gedenkfahnen geschrieben hat. Dabei halten sich linke und rechte Polemik die Waage (wiewohl sich die ideologische Instrumentalisierungstendenz dem Wesen nach in die rechten und rechtsradikalen Diskurse glatter einfügt): Abba Ebans Apostrophierung der formalen israelischen Staatsgrenzen bis zum 1967er-Krieg als »Auschwitz-Grenzen« stand Menachem Begins Vergleich des während des Linbanonkriegs von 1982 im Beiruter Bunker eingekreisten Yassir Arafat mit dem am Ende des Zweiten Weltkriegs in seinem Berliner Bunker eingekesselten Adolf Hitler in nichts nach. Selbst der Eichmann-Prozess, der nach der ersten Beschweigungsphase zweifelsohne zentral war für die Setzung der Shoah auf die nationale Tagesordnung, mithin den Überlebenden auf dem Zeugenstand den Einzug in das allgemeine öffentliche Bewusstsein Israels und »der Welt« ermöglichte, war vom damaligen Ministerpräsidenten David Ben-Gurion als nationaler Staatsakt konzipiert, der neben der Verfolgung national-pädagogischer Absichten, welche *mutatis mutandis* auf die Zionisierung der Shoah hinausliefen, auch den Monopolanspruch Israels auf das institutionalisierte jüdische *nationale* Shoah-Gedenken zementieren sollte.

Gleichwohl gilt es hier eine wichtige Unterscheidung zu treffen: Die Shoah-Rezeption in den partikularen Lebenswelten und Privatsphären deckte sich nicht (oder zumindest nicht zwangsläufig) mit der Homogenisierungstendenz der staatsoffiziell betriebenen Ideologisierung der Shoah. Das besagt nicht, dass die zionistische Shoah-Ideologie keinen Eingang in die individuellen Privatsphären gefunden hätte; im Gegenteil kann davon ausgegangen werden, dass eine Menge von der durch diese nationale Ideologie geprägten Shoah-Rhetorik sich im Bewusstsein vieler israelischer Bürgerinnen und Bürger sedimentiert hat, wenn damit die konventionelle, gesellschaftlich normierte und sanktionierte Kommunikationsebene gemeint ist. Und doch entzog sich die Auseinandersetzung mit der familiengeschichtlichen Leiderfahrung allzu integrativer, kollektivistisch entindividualisierender Shoah-Ideologie – bei allem Bedürfnis, sich in die institutionalisierten Formen des nationalen Gedenkens der Geschichtskatastrophe einzureihen, boten diese nie die Möglichkeit adäquater Verarbeitung familieninterner Trauer und lebensweltlich spezifischer Gedenkbedürfnisse. Nicht von ungefähr häufen sich in den letzten Jahren zusehends die Aufzeichnungen individueller Erinnerungen von Shoah-Überlebenden, deren Leben sich allmählich seinem Ende zuneigt. Über das deutlich zunehmende Interesse der Enkelkindergeneration an der großelterlichen Shoah-Vergangenheit sehen sich viele Überlebende nunmehr in der

Lage, sich der Erzählung ihrer lange beschwiegenen historischen Individualerfahrung zu öffnen, mitunter auch sich in einem persönlichen Narrativ zu finden, das sich über Jahrzehnte nicht des übermächtig kollektivistischen zu entschlagen vermochte.

Aber nicht nur im Verhältnis zur kollektiven, eine gleichschaltende Kitt-Funktion erfüllenden zionistischen Shoah-Ideologie weisen Lebenswelt und Privatsphäre eine Differenz des Shoah-Verständnisses und der Shoah-Rezeption auf, sondern auch unter sich. Dem war zwar objektiv schon seit vielen Jahrzehnten so, aber erst in den vergangenen beiden Jahrzehnten wird diesem Umstand allmählich öffentlich Rechnung getragen, die Heterogenität des Gedenkens mithin gesellschaftlich legitimiert. Nicht, dass säkulare Juden in Israel heute bereit wären, die von der jüdischen Orthodoxie proklamierte theologische Auslegung der Shoah, welche dem Logos des zionistischen Narrativs diametral entgegensteht, anzunehmen; aber die Bekundung solchen Verständnisses wird nicht mehr automatisch abgewürgt. Es geht auch nicht darum, sich über die Partialdeutungen und -befindlichkeiten zu einigen, sondern lediglich um das legitimierte Nebeneinander von Inkompatiblem. Denn darüber, dass in der zutiefst zerrissenen israelischen Gesellschaft viel miteinander Unvereinbares notgedrungen koexistiert, sind sich inzwischen die meisten im Klaren, ohne sich der Illusion einer allzu leicht vollziehbaren Synthetisierung der Differenzen hinzugeben. Es ist eben bei aller propagierter nationaler Gemeinschaftsideologie doch nicht anzunehmen, dass lebensgeschichtliche Auswirkungen der Shoah bei aschkenasischen Juden denen von Juden orientalischer Provenienz glichen; der Stellenwert der Shoah-Erinnerung bei Hunderttausenden in den 1990er-Jahren aus der ehemaligen UdSSR eingewanderten Menschen, die eine ganz bestimmte politische Sozialisation erfahren haben, muss sich von dem der allermeisten alteingesessenen Juden in Israel unterscheiden. Der Bezug israelischer Araber zur Katastrophengeschichte der Juden ist zwangsläufig ein anderer als der von Juden. All diese Partikulardiskurse »dürfen« in ihrer teilweise agonalen Heterogenität nunmehr an die gesellschaftliche Oberfläche gelangen; das mag damit zusammenhängen, dass die Kitt-Funktion der zionistischen Ideologie, die in den ersten Jahrzehnten nach der Staatsgründung Israels eine erhebliche Rolle in der gleichsam »von oben« aufoktroyierten gesellschaftlich-kulturellen Konsolidierung der zutiefst heterogenen israelischen Einwanderungsgesellschaft spielte, sich nach und nach auflöst. Dies zum einen deswegen, weil es in den 1990er-Jahren während des Oslo-Prozesses scheinen mochte, als behöbe sich nunmehr das sogenannte »Sicherheitsproblem«, was das Zutage treten innerisraelischer Konfliktachsen und Partikulardiskurse ermöglichte, die durch das Primat der äußeren Bedrohung stets ins gesellschaftlich Subkutane und in die politische Latenz verwiesen worden waren. Zum anderen auch deswegen, weil durch die somit entstandene neue Legitimation der Hinterfragung von bis dato Tabuisiertem die Besinnung aufs eigene Partikulare gleichsam als eine Art Tugend des Authentischen aufgeladen wurde: orientalische Juden begannen die Hegemonie der aschkenasischen Kultur infrage zu stellen. Orthodoxe Juden wagten sich immer mehr vor, forderten mithin – so etwa die Shas-Partei – einen erheblich gewichtigeren Anteil an Macht und Einfluss in der politischen Sphäre. Viele Einwanderer aus der ehemaligen Sowjetunion sahen sich erst gar nicht dazu genötigt, die Anstrengung kultureller Integration im neuen Land auf sich zu nehmen, sondern zogen es vor, einer Art selbstgewählten Ghettodaseins zu frönen. Im vergangenen Jahrzehnt ist dieser Prozess infolge der zweiten palästinensischen Intifada einer zunehmenden Auflösung der ursprünglichen Kitt-Funktion durch die gestiegene äußere Bedrohung ein wenig eingedämmt worden. Es ist aber kaum anzunehmen, dass das Rad längerfristig zurückzudrehen sein wird, schon gar nicht im Zeitalter einer das Nationale zunehmend unterhöhlenden Globalisierung. Was das für das israelische Shoah-Gedenken längerfristig bedeuten mag, lässt sich zurzeit noch nicht absehen. Klar dürfte nur sein, dass die immanenten Spannungen zwischen der nationalstaatlich gespeisten, kollektiven Shoah-Ideologie und den fragmentierten Partialformen der Erinnerung und des Gedenkens unaufhaltsam zunehmen werden.

Opfer und Opfer-Ideologie

Walter Benjamins Engel der Geschichte blickt auf die Menschheitshistorie mit großem Entsetzen; sie erscheint ihm als Katastrophenchronik, als Kette fortlaufender Leiderfahrung, deren Opfer unter einem zum Himmel wachsenden Trümmerhaufen verschüttet liegen. Der Engel vermag nicht, das im vergangenen Unheil Zerschlagene zusammenzufügen. Er wird vom Fortschritt in die Zukunft getrieben, entfernt sich zwangsläufig vom geschichtlich Abgeschlossenen, kann lediglich seinen Blick darauf richten – durch Erinnerung das Unrettbare zu retten, durch Eingedenken etwas von dem, was dem finalen Verdikt historischen Vergessens und zunehmender Anonymisierung ausgeliefert zu sein scheint, im Bewusstsein zu wahren versuchen. Die Figur des Geschichtsengels hat in Benjamins Geschichtsdenken paradigmatischen Stellenwert. Was objektiv nicht mehr zu ändern ist – Vergangenes ungeschehen werden zu lassen –, kann durch erinnerndes Bewusstsein insofern gemildert werden, als die Vergangenheit eine Bedeutung erhält, die das historisch Geschehene der Starre eines verzeichnenden Sieger-Narrativs, mithin dem Erinnerungsdiktat historischer Täter entwindet, um dem Nun-mal-so-Gekommenen eine Sinnwende einzugeben. An die sogenannte schwache messianische Kraft, die jeder Menschengeneration mitgegeben ist, erhebt die Vergangenheit, Benjamin zufolge, einen Anspruch, der durch Vergegenwärtigung der menschlichen Leiderfahrung im nachmaligen Bewusstsein, durch Bewusstmachung des Opferschicksals jener, die man teils beiläufig, teils vorsätzlich zur geschichtlichen Irrelevanz hat geraten lassen, erfüllt werden mag.

Was Benjamin sich wohl kaum hätte ausmalen können, ist, dass eine Zeit kommen wird, in der das Opfer-Sein zum Objekt ideologischer Begierde, Erbteil eines instrumentell ausgerichteten Selbstbildes und -verständnisses verkommen würde. Pierre

Bourdieu sprach seinerzeit von symbolischem Kapital als Mittel der Erlangung sozialer Anerkennung, welche Prestige, Reputation und privilegierte Position verleiht. Der Begriff des symbolischen Kapitals ist dabei zunächst abstrakt gestellt, mithin mit heterogenen, auch austauschbaren Inhalten und Attributen besetzbar. Er versteht sich als kulturelle Erweiterung des der rein ökonomischen Sphäre entstammenden Kapital-Begriffs. Und doch darf symbolisches Kapital für wesentlich positiv konnotiert erachtet werden, wobei mit »positiv« Kraft, Stärke, ja gesellschaftliche Macht im Sinne des Vorbildlichen, Nachahmenswerten und darin eben Einflussreichen gemeint ist. Kulturell galten herkömmlicherweise der Held (bzw. das Genie), historisch der »große Mann«, politisch charismatische Führerschaft als Identitätsbezüge und Faktoren kollektiver Kohäsion. Der Schwache, die Niederlage, das Opfer-Sein nahmen sich hingegen eher als pejorativ empfundene Momente eines doch primär narzisstisch gesteuerten Eigenbildes, auch da – oder gerade dort –, wo sich dieses Eigenbild fremdbestimmten Projektionen verdankt. Und wenn schon »Opfer« als identitätsstiftendes Attribut, dann in tragischem Sinne: als Geschlagener in einem heroisch, wiewohl aussichtslos bestrittenen Kampf beziehungsweise als Leidtragender bei subjektiv ungewollten, objektiv gleichwohl unabwendbaren widrigen Umständen und Begebenheiten. Aber Opfer-Sein als Lustgewinn, als dezidiert erstrebtes Mittel ideologischer Selbstdarstellung, darf wohl doch als ein relativ neues Phänomen gelten, welches der Erörterung bedarf.

Ein Beispiel: In der israelischen Tageszeitung *Haaretz* erschien anlässlich des am 27. Januar international begangenen Holocaust-Gedenktages ein Artikel des Journalisten Ofri Ilani, der den Besuch in Israel tätiger Botschaftsmitglieder verschiedener Länder im renommierten Massua-Institut, welches sich Shoah-Studien und -Gedenkpraktiken widmet, zum Thema hatte (Haaretz, 27.1.09, S. B2). Es erweist sich, dass der von der UNO im Jahre

2005 aufs Datum der Befreiung von Auschwitz festgelegte Holocaust-Gedenktag verschiedenerseits mit unterschiedlichen Assoziationen und Inhalten belegt wird. Während die israelischen Verwalter von Massua das zentrale Gewicht ihrer pädagogisch eingefassten Ausstellungsaktivität auf die jüdische Dimension der Shoah legen, ruft sie bei fremden Rezipienten eigene Neuralgien und Idiosynkrasien hervor, welche die universalistisch ausgerichtete Intention des UN-Beschlusses zwar einerseits zu ergänzen, andererseits aber auch zu konterkarieren vermögen. So wollte der erste Sekretär der Kameruner Botschaft wissen, warum es in der Ausstellung »nur Bilder von Israelis« gebe, wobei er zunächst Israelis mit Juden verwechselte, dafür aber dann die für die Massua-Gastgeberin verfängliche Frage zu stellen wusste, ob auch Jugendliche aus Kamerun sich an den jährlichen Polenfahrten israelischer Schüler, welche von Massua mitvorbereitet werden, beteiligen könnten – womit das Universelle des Gedenkunterfangens für einen Moment auf dem Boden profaner praktischer Belange zu zerschellen drohte. Die Kulturbeauftragte der mexikanischen Botschaft meinte: »Der Holocaust ereignete sich sehr weit fern von uns. Wir waren nicht Teil davon, und so ist er für uns hauptsächlich ein zu erinnerndes Ereignis der Weltgeschichte.« Das ins Allgemeine erhobene dieser Wahrnehmung glitt beim chinesischen Attaché auf die Ebene wertenden Vergleichs ab: »Auch wir haben Ähnliches erlitten. Wir haben im Zweiten Weltkrieg eine noch größere Katastrophe erlebt. Millionen Chinesen sind von den Japanern ermordet worden. Es sind mehr Chinesen als Juden umgebracht worden.« Der kolumbianische Botschafter verglich den Holocaust mit dem Terror, von welchem sein Land durch die Aktivitäten von Rauschgifthändlern und Guerillagruppen gebeutelt ist: »Wegen des Terrors sind Menschen von den Dörfern in die Städte geflüchtet. So wie ihr, haben auch wir unter dem Terror gelitten. Durch das Shoah-Gedenken können wir lernen, die Erinnerung der Leiderfahrung zu respektieren.« Der kenianische Botschaftsvertreter brachte den Ruanda-Genozid von 1994 zur Sprache: »Kenia liegt nicht weit von Ruanda, wo sich ein Völkermord ereignete. [...] Wir selbst hatten schwerste Konfrontationen. Aber wir haben aus der Geschichte gelernt und wissen nun, was passiert, wenn Menschen sich gegen eine andere Gruppe ihres Volkes erheben.«

Die Fragwürdigkeit dieser Vergleiche mit der Shoah, welche sich vom Genozid über den Bürgerkrieg bis hin zu Aktivitäten krimineller Organisationen erstrecken, mag hier unerörtert bleiben. Ins Auge fällt gleichwohl wie sehr sich besagte Vergleiche mit der je eigenen kollektiven Opfererfahrung sowohl als spontan angerührte, ihrem Wesen nach jedoch wertneutrale Assoziation als auch als Maßstab konkurrierender Quantifizierung aufdrängen. Das hat wohl mit einem der Partikularität menschlicher Wahrnehmungen geschuldeten, zugleich durch narzisstische Abgrenzungsbedürfnisse strukturell vorgeformten Widerstreit der Erinnerungen zu tun.

Wie polarisiert sich Individualerinnerungen in Widerstreit befinden können, ist in Akira Kurosawas Film »Rashomon« von 1950 beispielhaft vorgeführt worden. Dass sich aber auch überindividuelle Erinnerungen stets in Widerstreit befinden, dürfte heute niemand mehr in Frage stellen, der Geschichte bzw. Geschichtsschreibung für eine Art kollektiver Erinnerung erachtet: ob die Französische Revolution, der Zweite Weltkrieg oder eine bestimmte nationale Staatsgründung – das Ereignis, der Prozess, die Epoche werden immer heterogen wahrgenommen und entsprechend institutionell »gespeichert«, mitunter kanonisiert. Das Individuelle wie das Kollektive weisen dabei eine ähnliche Struktur widerstreitender Erinnerungen auf. Dies hat mit den unterschiedlichen, mithin widersprüchlichen, wenn nicht gar gegensätzlichen Erinnerungsinteressen der jeweiligen Protagonisten im Spielfeld der Erinnernden zu tun. So sind in allen vier Versionen dessen, was in »Rashomon« geschah (Vergewaltigung und Mord), die beteiligten Charaktere sowie viele der Details zwar die gleichen, und doch nimmt der Bandit die Mordschuld auf sich, leugnet jedoch ab, die Vergewaltigung begangen zu haben; bestätigt die vergewaltigte Frau, dass sie attackiert worden, indiziert aber zugleich, dass sie selbst möglicherweise die Mörderin sei; beansprucht der über ein Medium sprechende Ermordete, zwar vergewaltigt, dann aber Selbstmord begangen zu haben, während der »neutrale« Zeuge des Geschehens verschiedene Elemente aus allen drei Narrativen miteinander vermengt, wobei freilich nicht ganz klar wird, ob er überhaupt irgendetwas gesehen hat.

Aber auch ein weltgeschichtliches Großereignis wie die Französische Revolution wird aus monarchischer, girondistischer oder jakobinischer, mithin auch aus konservativer, liberaler oder marxistischer Perspektive unterschiedlich wahrgenommen, gedeutet und erinnert (ganz und gar nicht ausgemacht ist dabei, ob Ludwig XVI. am 21. Januar 1793 »hingerichtet«, »bestraft« oder gar »ermordet« worden ist). Der Zweite Weltkrieg, vor allem sein Ausgang und die Frage, wer das NS-Regime bezwungen habe, wurde zur Zeit des Kalten Krieges anders (ideologisch, zugleich aber auch komplexer) »erinnert«, d. h. dargestellt und erzählt, als nach dem Zusammenbruch des sowjetischen Kommunismus; und ob es sich dabei um eine »Befreiung« oder eine »Niederlage« gehandelt habe, wurde sechzig Jahre nach jenem Krieg im innerdeutschen Diskurs wieder neu verhandelt. Ganz zu schweigen von Ereignissen wie dem 1948er-Krieg im Nahen Osten, der den jüdischen Israelis als ihr freudig zelebrierter »Unabhängigkeitskrieg« gilt, den Palästinensern hingegen als ihre nationale Katastrophe, die »Nakba«. Erinnerungen im Widerstreit.

Es stimmt zwar so besehen, dass Geschichte in erster Linie im Geiste der aus ihr hervorgehenden Sieger geschrieben wird, wie von Walter Benjamin suggeriert. Wohl stimmt es auch, dass sich Hegemonialstrukturen der Ideologie herauskristallisieren (Gramsci), gar ideologische Staatsapparate (Althusser) für die institutionelle Verfestigung hegemonial etablierter Geschichtserinnerungen sorgen; und doch reicht diese Feststellung nicht aus. Denn der Fluss der Erinnerungen, so strukturiert er sich im Übrigen ausnehmen mag, lässt sich nicht vollkommen kanalisieren, ihre Inhalte nicht total zähmen. Im Gegenteil stellt sich immer wieder heraus, wie sehr sich die Erinnerungen, neben den staatsoffiziell bzw. großkollektiv etablierten Narrativen, in den partikularen Lebenswelten, in den Sphären klassenspezifischer, ethnischer oder regionaler Artikulation, in Subkulturen und in den Bereichen des sozial Marginalen sedimentieren. Vor allem aber, wie in ihrer vermeintlich unanfechtbaren Stabilität bereits abgehakte Erinnerungen immer wieder erodieren bzw. unruhig aufleben, oder auch ideologisch verdrängte Erinnerungen ihr »Anrecht« auf stete Wiederkehr einklagen. Spätestens dann erweist sich der Widerstreit der Erinnerungen, wenn schon nicht als zweite Natur als solche, so doch als unüberwindbar erscheinende Konstante in dieser.

Was sich aber bei offiziellen Vertretern staatlicher Körper als ein, wie immer vom Widerstreit der Erinnerungen durchsetzter, gleichwohl legitimer Anspruch auf Anerkennung der eigenen kollektiven Leiderfahrung gibt, gerät unweigerlich zur Ideologie, wenn sich besagte Leiderfahrung dahingehend verdinglicht, dass sie nicht mehr der historischen Opfer im Stande ihres Opfer-Seins zu gedenken bestrebt ist, sondern sich selbst den Status als »Opfer« anmaßt, um daraus heteronomes Kapital zu schlagen, mithin ein solches, das den Begriff des Opfer-Täter-Verhältnisses aufs Schändlichste entleert oder nachgerade verkehrt. Für relativ harmlos mag dabei die betrügerische Aneignung des (literarischen) Opfer-Status im Sinne des von Bruno Grosjean/Dössekker im Jahre 1995 unter dem Namen Binjamin Wilkomirski veröffentlichten Bandes »Bruchstücke. Aus einer Kindheit 1939-1948« erachtet werden, in welchem die vermeintlichen Erlebnisse eines jüdischen Kindes während der Shoah von der Warte eines Ich-Erzählers zusammengetragen werden. Dass der Autor mit Anne Frank, Elie Wiesel oder Primo Levi verglichen wurde, der Text von renommierter wissenschaftlicher Stelle gar für seine »Authentizität« und seinen »literarischen Rang« gelobt wurde, mag mit Gelassenheit hingenommen werden. Wenn, wie verschiedentlich behauptet, der Betrugsfall zur Diskussion fundamentaler Fragen im Hinblick auf den Wahrheitsgehalt historischen Gedenkens, auf den Stellenwert der Shoah als universale Opfererzählung bzw. als Matrix offizieller Vergangenheitspolitik, wie auch als Topos der Gewichtung von Gedächtnis, Traum und Fiktion in autobiographischen Darstellungen lebensgeschichtlicher Traumata geführt hat, kann der Schaden nicht zu groß gewesen sein, das moralische Bedenken gegenüber dem Schelmenakt mithin ruhig relativiert werden.

Prekär wird es dann, wenn das Unentschuldbare von kollektiv Verbrochenem durch eigene nachmalige Opfer-Zuschreibung ideologisch aufgeweicht wird. Tendenzen in der deutschen Erinnerungskultur der letzten Jahre sind hierfür exemplarisch. Die Rigorosität, mit der deutsche Leiderfahrung während der Kriegszeit und infolge des Zusammenbruchs des NS-Regimes in den ersten Jahrzehnten der Nachkriegsära öffentlich tabuisiert wurde, soll offenbar durch die Besinnung auf das den Deutschen als Besiegten Widerfahrene konterkariert werden. In Literatur, Film, TV- und Printdokumentation wird – vorsichtig – eine Art Gleichgewicht erfahrenen Leids hergestellt, welches sich vom Grauen der Dresdner Bombennächte über die Schrecknisse der Fluchtzeit und Trümmer-Deutschlands bis hin zum politischen Preis der deutschen Staatenteilung erstreckt. Was sich in der alten Bundesrepublik Deutschland noch als Postulate von »Schlussstrich« und »Normalisierung« artikulierte, ist mittlerweile in den assertiven Ton eines komplementären Opfer-Selbstverständnisses übergegangen. Es will zuweilen scheinen, als suhle man sich nachgerade im Wohlgefühl eines neu errungenen Opferstatus. Was vor nicht allzu langer Zeit Flüchtlingsverbänden und rechtem Stammtischgedröhn vorbehalten war, erfährt inzwischen die volle linke bzw. linksliberale Legitimation von Forschung und Feuilleton. Und selbst da, wo sich vermeintlich das Antidot zu diesem Trend »antideutsch« gebärdet, lässt sich die Matrix einer stillen Opfersehnsucht ausmachen: Weil man gegen das Täterland Deutschland ist, solidarisiert man sich mit den Juden als den Opfern Nazi-Deutschlands; und weil diese in Israel ihre nationale Zufluchtsstätte gefunden haben, hält man zu Israel und bekämpft die Palästinenser. So darf man den Kuchen essen und ihn zugleich ganz behalten: Die Identifikation mit »Juden« beteiligt an deren Opferidentität. Die Solidarität mit dem jüdischen »Israel« stillt zudem politisch den Durst nach Selbstmal-Opfer-sein-Dürfen, verspricht aber zugleich die Beteiligung am »Sieg« »der Israelis« über ihre palästinensischen Opfer. »Antideutsche« Opfersehnsucht eignet sich offenbar vorzüglich fürs Ausleben von verborgenen Aggressionen, die einst nazi-deutsch gegen die Juden gerichtet waren und heute »antideutsch« auf die Palästinenser projiziert werden.

Aber selbst diese Erscheinungen – so erbärmlich sie sich im Übrigen ausnehmen mögen – artikulieren noch nicht das gravierende Problem der Opfer-Ideologisierung. Denn es handelt sich letztlich um Erscheinungen der symbolischen Sphäre, welche sich zwar politisch auf die Strukturierung des öffentlichen Diskurses samt der damit einhergehenden Praktiken perfider Ausgrenzung und dezidierter Delegitimierung von unliebsamen kritischen Stimmen auswirken können, aber selbst noch nicht zur massiven praktischen Gewalt führen: »Antideutsche« Kriegsgeilheit, die dem horrenden Blutvergießen im Nahen Osten begeisterten Beifall zollt, ist zwar widerlich ob ihres unreflektiert-projektiven Charakters, aber sie selbst tötet noch nicht. Zum eigentlichen Problem wird die Ideologie kollektiver Selbstviktimierung da, wo sie sich für die bewusste Legitimation einer aktiv gewordenen Täterpraxis hergibt, die eigene Opferidentität also zur Matrix brachialer Gewalt und violenten Verbrechens geraten lässt.

Der israelische Journalist Akiva Eldar hat dazu vor einigen Jahren einen bemerkenswerten Artikel veröffentlicht (Haaretz, 30.1.2009, S. B9). Er befasst sich mit einer jüngst erschienenen (in Zusammenarbeit mit Rafi Netz entstandenen) Arbeit des israelischen Sozialwissenschaftlers Daniel Bartal, einer weltbekannten Koryphäe auf dem Gebiet der politischen Psychologie. Bartal sagt, die Zentralthese der vor dem Gaza-Krieg der Jahreswende 2008/09 abgeschlossenen Arbeit finde durch ebendiesen Krieg ihre fatale Bestätigung: »Das Bewusstsein der Juden in Israel ist von einem Opfergefühl beherrscht, von einer Belagerungsmentalität, von blindem Patriotismus, Gewaltausrichtung, Selbstgerechtigkeit sowie einer fehlenden Sensibilität für das Leid der Palästinenser, einer Verhärtung ihnen gegenüber und ihrer Dehumanisierung.« Die im Rahmen der Arbeit vorgenommene Erhebung zeige, dass breite Unterstützung der (staats)offiziellen Kollektiverinnerung sich mit einem geringen Maß an kritischem Denken verbindet, dafür umso mehr mit dem Glauben an traditionellen Werten, tiefer Identifizierung mit jüdischer Identität sowie einer Neigung, die Araber zu entmenschlichen und die brachiale Bekämpfung der Palästinenser zu unterstützen. Die Protagonisten des »zionistischen Gedächtnisses«, so ein Befund von Rafi Netz, sähen Israel und die Juden als »Opfer des Konflikts«, wiesen mithin wenig Neigung auf, Friedensabkommen bzw. politische Kompromisse zu unterstützen. Bartal fügt im Interview hinzu, dass, abgesehen von einer kleinen, zur nüchternen Reflexion der eigenen Vergangenheit fähigen Minorität, die breite Bevölkerung Israels sich weigere, »in den Spiegel zu schauen«. Sie will nicht wissen, »was Israel jahrelang in Gaza angerichtet, wie sich die Abkoppelung [aus dem Gazastreifen] vollzogen hat, und welche Folgen sie für die Palästinenser zeitigte«, mithin auch nicht, »wie die Hamas an die Macht gelangte, wie viele Menschen in Gaza seit dem Abzug umgekommen sind; selbst nicht, wer als erster den Waffenstillstand im Gazastreifen gebrochen hat«. Die Politiker, meint Bartal, »bedienten sich der Massenmedien, die sich von ihnen haben freiwillig rekrutieren lassen. Nahezu alle Kanäle konzentrierten sich auf das Opfergefühl der Bewohner des israelischen Südens und haben – vor und während des Krieges – die Situation der abgeriegelten Bewohner Gazas fast völlig ignoriert.«

Deutlicher (und kompetenter) kann es kaum gesagt werden. Angemerkt sei allerdings, dass sich diese Mentalität der ideologischen Selbstviktimierung nicht primär an den bedrohlichen Momenten des Ausnahmezustandes schärft bzw. in ihnen bildet. Sie weist vielmehr eine lange, staatlich beförderte Sozialisationslinie auf, welche sich zwar auf einen historischen Wahrheitskern berufen kann, diesen aber schon längst hat zum Fetisch wie denn die reale Gefahr zur blank verdinglichten Ideologie verkommen lassen. Je brutaler die israelischen Schläge gegen die Palästinenser, je maßloser der militärische Aufwand gegen einen in jeder Hinsicht deutlich schwächeren Gegner, desto selbstmitleidiger und emphatischer das realitätsferne Wehgeschrei über das eigene Opfer-Dasein. Je mehr tote Kinder im Gaza, desto anrühriger die TV-gerechte Präsentation psychischer Not von lebenden Kindern in Israels Süden. Das hat nicht nur mit durchideologisierter Selbstverblendung zu tun, sondern nicht minder auch mit dem öffentlich verdrängten, gleichwohl im kollektiven Vorbewusstsein verharrenden Wissen darum, man sei schuldig geworden, mithin in keiner Weise den Anspruch erheben könne, dem moralischen Selbstbild, das man sich Jahrzehnte lang unentwegt zurechtkonstruiert hat, gerecht zu werden. Mag man die Reaktionen in der Welt angesichts der Schreckensbilder aus Gaza noch so als »puren Antisemitismus« abtun, man weiß auch darum, dass »Israel« noch etwas anderes entgegenschlägt, etwas, das dem Kollektivnarzissmus dermaßen zusetzt, dass man sich nur noch ins

Opfer-Dasein und in die Moral zu flüchten weiß. Golda Meirs legendärer Spruch, sie werde den Palästinensern nie verzeihen, dass sie sie gezwungen haben, ihnen das anzutun, was sie ihnen angetan hat, kann zum Paradigma des jüdisch-israelischen Selbstverständnisses erhoben werden.

Und es geht über Israel hinaus. Zu prüfen wären ganz andere – globalere – Zusammenhänge, die man im Westen stets zu ignorieren pflegt, um sich einer umso drastischeren Selbstgerechtigkeit, vor allem aber eines gestählten Opfer-Bewusstseins zu befleißigen. Man lamentiere tunlichst nicht über die »bedrohlichen« Zuwanderungsströme aus Ländern der Dritten und Vierten Welt, wenn man sich zugleich weigert, Rechenschaft über die Auswirkungen des globalisierten Kapitalismus abzulegen. Man unterlasse die Klagen über den islamistischen Terror (und das Geraune über den ominösen »Kampf der Kulturen«), wenn man sich der eigenen Kolonialgeschichte und ihren horrenden postkolonialen Spätfolgen nicht stellen möchte. Man schweige über die »Barbarei« der Erniedrigten und Beleidigten, wenn man über die Ursachen von Erniedrigung, Beleidigung und Entmenschlichung in der Welt nicht reden will, mithin die Rationalisierung von Selbstverschuldetem, ungeachtet aller Evidenz der fortdauernden Barbarei, vorziehen will. Man verrät das Andenken der historischen Opfer, die Benjamins Angelus Novus mit solch entsetzter Empathie anstarrt, man vergeht sich nachträglich an ihrer Leiderfahrung, wenn man ihr Andenken zu nichts anderem heranzuziehen weiß, als zur Entlastung von selbstaufgeladener Täterschuld durch Selbstviktimierung.

Der Erste Weltkrieg, Israel und Palästina

Die Erscheinungsformen des Nationalismus im Zeitalter der Moderne sind vielfältig und oft genug divergent, diese Erkenntnis darf heute als Binsenweisheit gelten. Es will zuweilen scheinen, als verbiete sich eine Wesensbestimmung des Nationalismus, wenn man nicht Gefahr laufen möchte, sich mit einer Flut von historischen wie zeitgenössischen Beispielen auseinandersetzen zu müssen, die sich nicht nahtlos unter dessen abstrakte Definition subsumieren lassen. Und doch darf bei der Bestimmung des Nationalen auf drei für jede moderne Nationalstaatsbildung unabdingbaren Grundkoordinaten insistiert werden: die der Einheit des Territoriums, die der Einheit des Kollektivs, das den Anspruch auf dieses Territorium erhebt, und die der kulturellen Konsolidierung des Kollektivs, welche sich primär in der Etablierung einer verbindlichen Nationalsprache manifestiert. Dass diese Grundvoraussetzungen mit den Ursachen der Niederwerfung prämoderner Staats- und Gesellschaftsformen, die sich im Feudalismus herausgebildet hatten, einhergingen, ist als historischer Wirkzusammenhang zu begreifen, verlieh aber dem Selbstverständnis der nationalen Einheitsideologie darüber hinaus auch eine normative Dimension im Hinblick aufs Progressive des Nationalen im Vergleich zu den feudal-absolutistischen Kollektivformationen der Prämoderne. Gleichwohl kann nicht ignoriert werden, dass die Genese des Nationalismus (und der sich von ihm herleitenden Gründungen nationaler Gebilde) sich zumeist heterogen, zuweilen in gegensätzlichen Mustern vollzog. Für paradigmatisch kann man in diesem Zusammenhang Hans Kohns 1967 erschienenes Werk *Prelude to Nation-States: The French and German Experience, 1789–1815* erachten, in welchem er die strukturellen Unterschiede der Herausbildung des französischen und deutschen Nationalismus überzeugend darlegt und erörtert hat. Denn nicht nur um den dem Nationsbegriff essenziellen Unterschied zwischen Demos und Ethnos ging es dabei, sondern vor allem darum, *woran* sich das nationale Gefühl des jeweiligen sich als Nation selbstbestimmenden Kollektivs schärfte: Während sich in Frankreich die Nationsbildung in großem Maße dem revolutionären Kampf gegen die traditionellen Mächte *im eigenen Land* verdankte, sättigte sich das in Deutschland nach und nach sich profilierende nationale Sentiment am Widerstand gegen die napoleonische *Fremdherrschaft*. Das ist ein in der Tat gravierender Unterschied, wenn man bedenkt, wie schwer sich die Deutschen bei der Erhebung gegen ihre politischen Autoritäten taten, und welche Folgen dieser Umstand späterhin im sogenannten »deutschen Sonderweg« zeitigte. Und doch darf generell behauptet werden, dass der moderne Nationalismus, wie immer heterogen er sich im Einzelnen herausbilden mag, sich auf einer bestimmten Ebene stets auch *ex negativo* formt: sei es gegen Adel und Klerus im eigenen Land (die als solche aus der Nation ausgeschieden und in revolutionären Zeiten entsprechend unerbittlich verfolgt werden); sei es gegen fremde Herrschaft, die dem eigenen Nationalen wesenhaft entgegensteht (und der es sich daher konsequent zu entledigen gilt).

Wie sind, so besehen, der zionistisch-jüdische und der palästinensische Nationalismus im Nahen Osten zu begreifen? Bei der Beantwortung dieser Frage muss zunächst hervorgehoben werden, dass beide Nationalismen ohne die Wirkmächtigkeit des europäischen Kolonialismus und dessen imperialistischen Auswirkungen am Ende des 19. und zu Beginn des 20. Jahrhunderts nur schwer denkbar wären. Begreift man zudem den Ersten Weltkrieg als das globale Resultat des europäischen Imperialismus, dürfen der zionistische und palästinensische Nationalismus – welche geschichtliche Vorläufer sie auch ansonsten ideologisch heranziehen mögen – als teils direkte, teils indirekte Folgen des weltgeschichtlichen

Ereignisses angesehen werden. Die Dinge sind bekannt: Schon vor dem Ersten Weltkrieg, erst recht aber im Zuge der sich in seinem Verlauf abzeichnenden neuen Perspektiven, bestimmten die geopolitischen Interessen der sich bekriegenden Staaten Europas das Schicksal der gesamten Nahostregion, mithin des mächtigen, gleichwohl marode gewordenen Osmanischen Reichs. Sosehr man im 19. Jahrhundert noch darauf aus war, es zu stabilisieren, um Krieg zu vermeiden, sah man nun seinen Zusammenbruch kommen und schmiedete sehr früh schon Pläne für die Aufteilung seiner Überreste. Dabei waren die Freund-Feind-Verhältnisse relativ klar gestellt: Da es Deutschland gelang, das Osmanische Reich im Krieg an seine Seite zu ziehen, war abzusehen, was passieren würde, wenn Deutschland den Krieg verlieren und England und Frankreich als Sieger hervorgehen würden. Da Russland seinerseits aus ebenso unverkennbaren geopolitischen Interessen bestrebt war, sich Konstantinopels zu bemächtigen, konnte man das riesige Reich im Osten mit diesbezüglichen Versprechungen, die freilich erst nach dem Krieg eingelöst werden sollten, in die Konstellation der Verbündeten gegen Deutschland schleusen. Und so kam es zur Unterzeichnung des bekannten Sykes-Picot-Sasonow-Abkommens von 1916, in welchem Großbritannien, Frankreich und Russland unter sich festlegten, welche Gebiete des Nahen und Mittleren Ostens nach Beendigung des Krieges unter ihre direkte Herrschaft bzw. ihren indirekten Einfluss gebracht werden sollten. Für den hier erörterten Zusammenhang erwies sich als besonders folgenreich, dass die Briten mit einiger Emphase den arabischen Nationalismus gegen das Osmanische Reich schürten (und zwar aus zweckrationalen, den großbritischen Interessen dienlichen Gründen), eine Politik, in deren Rahmen die rührige Aktivität des T. E. Lawrence zu jenem Mythos anwuchs, der dem historischen Protagonisten späterhin eine Aura des Status des Hollywood-Helden eintragen sollte. Bedeutender noch als die (letztlich zynisch-instrumentell beseelte) Entfachung nationaler Gefühle unter den Arabern war indes die komplette Neuordnung der Landkarte des alten Mittleren und Nahen Ostens, welche vor allem Großbritannien und Frankreich während und nach dem Ersten Weltkrieg vornahmen. Denn zwar entstand sowohl die von General Mustafa Kemal gegründete türkische Republik als auch das von Ibn Saud in der arabischen Halbinsel errichtete Königreich Saudi-Arabien gegen den Willen der Briten, aber es steht außer Zweifel, dass der Irak, Jordanien und Israel im Ursprung britische wie denn Syrien und der Libanon französische Kreationen waren.

Für Israel und Palästina spielte dabei das den Briten vom Völkerbund im Jahre 1920 übertragene Mandat über das Territorium, das im Verlauf des 20. Jahrhunderts zum gefährlichen Schauplatz von Krieg, Gewalt, Terror, Elend und Unrecht gerinnen sollte, die entscheidende Rolle. Denn die britische Realisierung des internationalen Auftrags erwies sich als eine Melange von spätkolonialer Gesinnung und aus tagespolitischer Not geborener Verwaltung; ideologisch Grundsätzliches vermengte sich mit Entscheidungen über Entwicklungen konkret-aktueller Natur. Dass sich die Briten dabei souverän wähnten, lässt sich daraus ersehen, wie sie sich an Vereinbarungen, die die World Zionist Organisation (WZO) im Jahre 1919 mit dem Emir Syriens im sogenannten Faisal-Weizmann-Abkommen abgeschlossen hatte, nach der Mandatsübernahme nicht gebunden fühlten. Immerhin hatte dieses Abkommen zum Inhalt, die Araber einem jüdischen Staat im Raum Palästina zustimmen zu lassen, sobald sie selbst die ihnen von den Briten versprochene Unabhängigkeit erlangen würden, unter dem Vorbehalt freilich, dass sie die Hoheit über die islamischen Heiligtümer bewahren dürften. Die britische Souveränität manifestierte sich in einer (allerdings oft opportunistischen) »Parteilosigkeit« den in allmähliche Feindschaft geratenen Juden und Palästinensern gegenüber: Sagte die Balfour-Deklaration von 1917 noch der World Zionist Organisation Unterstützung für den Aufbau einer »nationalen Heimstätte für das jüdische Volk in Palästina« zu, so betonte zwar das von der britischen Regierung 1930 veröffentlichte »Weißbuch«, dass sich Großbritannien Arabern und Juden in Palästina verpflichtet sehe, woraus sie aber den Schluss zog, für neue jüdische Siedler keinen Raum mehr bereitzustellen. Das bedeutete, dass die für das zionistische Projekt unabdingbare jüdische Einwanderung eingeschränkt werden musste (was eine organisierte Bewegung illegaler jüdischer Einwanderung zur Folge hatte). Dabei nahm die britische Regierung ihre im »Weißbuch« verkündete Position wenig später zurück und bekannte sich zur Immigration der Juden, obwohl die Balfour-Deklaration im »Weißbuch« keine Erwähnung fand.

Man geht also mit der Behauptung kaum fehl, dass sich der jüdisch-zionistische wie auch der palästinensische Nationalismus am britischen Mandat schärften. Damit ist allerdings in beiden Fällen lediglich der formale Rahmen der nationalen Erhebung und Konsolidierung angezeigt. Die Protagonisten beider Seiten (vor allem die des zionistischen Lagers) erachteten zwar die Bekämpfung des britischen Mandats für eine wichtige Dimension ihrer Selbstbefreiung und nationalen Selbstbestimmung, aber nicht sie machte die Substanz ihres Nationalismus aus.

Im Zionismus rührte das Pathos der Notwendigkeit einer »nationalen Heimstätte für das jüdische Volk in Palästina« primär von seiner Wahrnehmung der Situation des europäischen Judentums in der zweiten Hälfte des 19. Jahrhunderts her. Beschwingt von der Emphase nationaler Staatsgründungen infolge der Französischen Revolution und der ihnen verschwisterten Heranreifung der bürgerlichen Gesellschaftsformation keimte und verfestigte sich nach und nach auch der Anspruch der europäischen Juden auf bürgerliche Emanzipation. Was zunächst aber noch als Assimilation der Juden in ihren jeweiligen Residenzgesellschaften anvisiert worden war (»deutsche Bürger mosaischen

Glaubens«), erhielt mit der zeitgleichen Heraufkunft des europäischen Antisemitismus in der zweiten Hälfte des 19. Jahrhunderts einen gewichtigen Dämpfer. Nicht von ungefähr bildeten sich denn drei alternative Wege zur Lösung und Überwindung dessen, was (von Nichtjuden) als »die jüdische Frage« bzw. »das jüdische Problem« apostrophiert wurde: besagte *Assimilation*, der internationalistisch ausgerichtete *Sozialismus* und eben der nationale *Zionismus*. Der Zionismus erwies sich dabei als reaktiv. Zwar erging er sich (zumindest theoretisch) im Pathos der »nationalen Erneuerung«, aber die Dringlichkeit einer solchen »Erneuerung« speiste sich aus einer ideologischen Sicht, der zufolge der diasporische Jude zu einem im Wesen degenerierten Dasein der Wehr- und Produktivlosigkeit verurteilt sei, mithin als Epiphänomen seiner (feindlich gesinnten) nichtjüdischen Umwelt, ein unwürdiges Leben zu fristen habe. Von entsprechender Emphase waren beide Zentralpostulate des klassischen Zionismus getragen: »Negation der Diaspora« und komplementär dazu die historische Genese des »Neuen Juden«. Dabei konnte sich das erste Postulat auf die Realität des konkreten Zusammenhangs seiner Entstehung berufen. Das zweite Postulat (gleichsam die »Lösung« des im ersten angezeigten »Problems«) trug einen zwangsläufig projektiven Charakter, denn der »Neue Jude« sollte nicht in den alten Residenzgesellschaften geboren werden, sondern in einem erst künftig zu errichtenden Staat. Die historischen Voraussetzungen für eine solche Staatsgründung, eben die, welche man gemeinhin für unabdingbare Koordinaten des modernen Nationalstaates erachtet – Einheit des Territoriums, Einheit des nationalen Kollektivs, Einheit der nationalen (Sprach)kultur –, waren im Fall des Zionismus gar nicht gegeben:

Theodor Herzls Diktum »In Basel gründete ich den Judenstaat« enthält bereits das ganze Paradox: Der Staat der Juden wurde in der Tat im Überbau einer nicht existierenden Basis gegründet. Damit die Basis bestehe, war es notwendig, ihr Territorium zu bestimmen. Damit das Territorium tatsächlich das seine werde, musste es erobert (dabei aber auch auf seine Wahrnehmung als »Einöde« insistiert) werden. Für diese Eroberung aber war eine besiedelnde Bevölkerung nötig; so sorgte man für die Ankunft eines kolonisierenden Volkes. Erst dann konnte der Staat als formaler Rahmen jener Siedlungsbewegung gegründet werden. Und erst nach der Gründung des Staates wurde die kritische Masse ihrer Bürgerbevölkerung importiert. Der Staat der Juden, ausgesprochene Spätfolge der europäischen Nationalstaatsideologie, ist der einzige Staat der Welt, der ideell bestimmt wurde, bevor es die materielle Basis für die Verwirklichung der Idee gab; der territorial bestimmt wurde, ehe es das Kollektiv für die Besiedlung dieses Territoriums gab; der gegründet wurde, ehe die notwendige Bürgermasse für seine Existenz bestand. Ein basisloser Überbau also? Ein Überbau ohne gesellschaftliche Praxis? Nein. Denn das Bewusstsein der *Notwendigkeit* der Gründung eines Judenstaates ist durch das soziale Sein der (europäischen) *Diaspora* bestimmt worden. Das ist der Grund für die zentrale Rolle, die das Postulat der Diaspora-Negation in der zionistischen Ideologie spielte (und noch immer spielt). Lange bevor der Zionismus wusste, was es mit dem »Neuen Juden« auf sich hatte, wusste er, was er auf keinen Fall sein sollte: Der »Neue Jude« sollte das Negativ des »diasporischen Juden« bilden. Das *Ex negativo*, welches die Grundlage der Ideologie der praktischen Umsetzung von utopisch Projiziertem abgab, sollte sich dann über Dekaden als Matrix der »Absetzung von …«-Ideologie des zionistischen Nationalismus herausstellen: Absetzung der Israelis vom diasporischen Judentum, Absetzung von den Arabern im eigenen Land und im geopolitischen Umfeld, Absetzung von der als feindlich, mithin antisemitisch wahrgenommenen Welt.

Und der palästinensische Nationalismus? Auf welche historische Wurzeln verweist er? Woran schärfte er sich? So wie der zionistischen Nationalismus sich reaktiv am aufkommenden Antisemitismus rieb und ideologisch zuspitzte, so darf man vom palästinensischen Nationalismus als Epiphänomen der Etablierung des Zionismus in Palästina sprechen. Es ist bezeichnend, dass der arabische Widerstand gegen die jüdische Expansion in der prästaatlichen Phase Israels gerade nach der massiven Einwanderung aus Nazideutschland geflohener Juden in Palästina (allein im Jahre 1933 waren es rund 40 000) eskalierte. Man neigt heute dazu, Mohammed Amin al-Husseini, Präsident des obersten islamischen Rats und Großmufti von Jerusalem, eines nazideutschen und Hitler-affinen Antisemitismus zu zeihen. In der Tat darf er seit den 1920er-Jahren als herausragender Führer der Bewegung eines arabischen Nationalismus angesehen werden, und es war in dieser seiner Funktion, dass er die erweiterte Immigration jüdischer Siedler nach Palästina ablehnte – nicht aber, weil er in irgendeinem europäischen Sinne antisemitisch gewesen wäre, sondern weil er die von den Briten verfolgte Politik der jüdischen Einwanderung als Mittel der Festigung ihrer Kolonialherrschaft im Nahen Osten deutete. Daraus erklärte sich der unter seiner Ägide im Frühjahr 1936 ausgerufene Generalstreik, der von massiven bewaffneten Unruhen sowohl gegen die in Palästina lebenden Juden als auch gegen das britische Militär begleitet war. Die öffentlich bekundete »Solidarität« Nazideutschlands und des faschistischen Italiens mit den arabischen Nationalisten in Palästina hatten einiges mit deren geopolitischem Kalkül, wenig, wenn überhaupt etwas, aber mit einem heute gern ideologisch hochgespielten »palästinensischen Antisemitismus« zu tun.

Diese historischen Keime des palästinensischen Nationalismus sollten freilich erst *nach* der nationalen Katastrophe der Palästinenser im Jahre 1948 zu einer formierten Bewegung mit Zielen, Strategien und Kampfpraktiken heranreifen. Von selbst versteht sich dabei der traumatische Stellenwert der *Nakba* im Kollektivgedächtnis der Palästinenser. Und doch darf das Jahr 1967 als historischer Wendepunkt der Genese des palästinensischen Nationalismus angesehen werden. Nicht etwa, weil sich erst mit ihm der Antizionismus seiner Träger einstellt (die Wurzeln des Konflikt lassen sich, wie gesagt, bis ins frühe 20. Jahrhundert zurückverfolgen), sondern weil mit der in diesem Jahr beginnenden Okkupation Palästinas durch Israel eine repressive Routine einsetzt, eine Alltagspraxis der Unterdrückung, der Gewaltanwendung, der Erniedrigung und der Beleidigung, die alle Kopfgeburten der »nationalen Einheit« (im Vergleich) als fahle Abstraktion erscheinen lässt. Nichts könnte das emphatische Postulat der nationalen Selbstbestimmung der Palästinenser intensiver und andauernder speisen, als die tägliche Leiderfahrung, als die reale erlebte Schmach. Daran, mehr als an allem anderen, wird sich dieser Nationalismus abarbeiten, daran wird er sich (auch gewalttätig) abkämpfen, solange die realen Bedingungen der Verhinderung seiner Aspirationen andauern werden.

Hat der Erste Weltkrieg etwas mit diesem Zustand zu tun? Wenn man davon ausgeht, dass es historische Momente gibt, in denen sich lange Prozesse zusammenballen, in denen sich Quantität zu einer neuen Qualität verdichtet, in denen geschichtliche Energien die Plattform fürs politisch, ökonomisch und kulturell Neue herrichten, dann ja – der Erste Weltkrieg und die in seiner Folge strukturierte Neuordnung des Nahen (und Mittleren) Ostens waren es, die die materiellen, mentalen und weltpolitischen Voraussetzungen für den Verwirklichung der nationalen Ideologie des Zionismus geschaffen haben, und damit mutatis mutandis auch die für den palästinensischen Nationalismus.

Der Junikrieg von 1967 und seine Folgen

Der Sieg im Junikrieg von 1967 bewirkte einen gravierenden (wenn auch als solche damals kaum vorhersehbaren) Wandel im israelischen Selbstverständnis. Die im Laufe dieses Krieges besetzten Gebiete verwandelten sich für Israel nach und nach – endgültig paradoxerweise erst nach dem Abflauen des in der Folge des Sieges von 1967 ausgebrochenen, mit dem Jom-Kippur-Krieg von 1973 dann zum Stillstand gelangten Triumphalismus – von einer als temporäres politisches Faustpfand begriffenen (Kriegs-) Errungenschaft in ein Objekt ideologisch begründeter Begierde. Von größter Bedeutung war hierbei, dass die ideologische Komponente dieser Verwandlung alsbald in eine religiöse Fundierung der neuen militärisch-politischen Wirklichkeit umschlug, die Folgen des militärischen Gewaltaktes mithin eine theologische Legitimation erfuhren. Die Eroberung der Gebiete (vor allem des Westjordanlandes) wurde nämlich nunmehr als Zeichen des Beginns der jahrtausendelang ersehnten messianischen Erlösung des jüdischen Volkes ausgelegt, als endlich erfolgte Rückkehr des Volkes in das gelobte Land, die Heimat seiner Urväter. Die Tatsache, dass dabei handfeste wirtschaftliche Interessen (vor allem an der Ausbeutung billiger palästinensischer Arbeitskraft) mit eine gewichtige Rolle spielten, sollte keineswegs darüber hinwegtäuschen, dass die religiöse Begründung der Eroberung nicht nur (objektiv gesehen) als ideologische Rechtfertigung der ausgeübten Repression fungierte, sondern in der Tat von einem tiefen (subjektiven) Glauben getragen wurde. Dieser freilich sollte schon bald zum Ideologem im Dienste einer von Staats wegen betriebenen Politik ausarten.

Ab Mitte der 1970er-Jahre setzte in Israel ein Prozess allmählich zunehmender Polarisierung hinsichtlich der Einstellung zur

Okkupation ein. Gegenüber einem religiösen, in seinen extremen Flügeln von messianischem Aktionismus getragenen Fundamentalismus entstand der erste (zunächst freilich winzige) Kern dessen, was sich späterhin zur israelischen Friedensbewegung entwickeln sollte. Allerdings handelte es sich damals schon mitnichten um ein symmetrisches Kräftefeld. Das Friedenslager vermochte in Israels politischer Kultur nie den Einfluss und die Macht der die Okkupation als Sicherheitspolitik legitimierenden Platzhalter der israelischen Polithegemonie erlangen. Dies umso weniger, als nicht übersehen werden sollte, dass die jüdische Besiedlung der besetzten Gebiete, welche in den Zeiten der ab 1977 herrschenden Likud-Regierung ihren Höhepunkt erreichen sollte – unter Einsatz gewaltiger wirtschaftlicher Ressourcen und mit planmäßig durchgeführter Expansion –, ihren Anfang noch unter der zuvor regierenden Arbeitspartei genommen hatte. Die Besatzungspolitik wurde von allen israelischen Regierungen unter ökonomischen Aspekten und, wie gesagt, sogenannten Sicherheitsgesichtspunkten (wenn auch mit unterschiedlichen ideologischen Vorzeichen) betrieben. Dabei wurden zuweilen gerade die religiösen Siedler – und nicht nur von rechter Seite – als die den gängigen zionistischen Mythen gemäßen »echten Idealisten« und »eigentlichen Pioniere« der israelischen Gesellschaft gepriesen, was nicht nur der Selbstbestätigung der sich als wahre Zionisten rühmenden Träger der objektiv praktizierten Repression diente, sondern auch als eine Art Beruhigungs-, wenn nicht gar Betäubungsmittel für jene fungierte, die die Okkupation ohne pathoserfüllte ideologische Vision fortführen wollten. Gleichwohl war es vor allem die im rechten politischen Lager vertretene (mithin religiös begründete, aber auch unter nichtreligiösen Aspekten propagierte) Ideologie eines Groß-Israel, die die fortwährende Besatzung über Jahre hinweg politisch am Leben erhielt und die die zu ihrer Aufrechterhaltung notwendigen Mittel legitimierte. Lange Zeit gab es denn auch innerhalb des größten Teils der israelischen Gesellschaft keinen ernsthaften Diskurs über die Zukunft der besetzten Gebiete und die Rolle der Siedlungsbewegung, welche die Landnahme aktiv betrieb.

Ein gravierender Riss im israelischen Konsens, der über Jahrzehnte von einer »Alle-Welt-ist-gegen-uns«-Mentalität geprägt war, wurde während der vehement geführten öffentlichen Debatte um den Libanonkrieg von 1982 deutlich. Spätestens seit der legendären »Demonstration der 400 000« nach dem von Libanesen im stillen Einvernehmen mit dem israelischen Militär vollführten Massaker in den Flüchtlingslagern Sabra und Schatila wurde klar, dass die israelische Öffentlichkeit nicht mehr gewillt war, alle Beschlüsse und Aktionen der Regierung und des Militärs blindlings abzusegnen, und dass dieser anfangs allgemein befürwortete Krieg eine nicht mehr zu übersehende Polarisierung der politischen Lager bewirkt hatte. Ein erster Kulminationspunkt dieses durch das Hineingeraten in den »libanesischen Sumpf« beschleunigten Prozesses manifestierte sich dann Ende der 1980er-Jahre in der hitzigen innerisraelischen Debatte um die erste Intifada, jene Erhebung der palästinensischen Bevölkerung gegen das israelische Okkupationsregime, die dem David-Goliath-Mythos der israelischen Selbsteinschätzung endgültig den Todesstoß versetzte. Ein weiterer gewichtiger Faktor bei der Aufweichung des traditionell hermetischen Konsensverhaltens ergab sich sodann als Auswirkung des zweiten Golfkrieges im Jahre 1991. Diente der Feldzug gegen Saddam auch einem objektiven israelischen Interesse – der Zerschlagung der damals potenziell größten militärischen Bedrohung Israels im gesamten nah- und mittelöstlichen Raum –, so trat doch zutage, dass die Ohnmachtssituation der Bevölkerung angesichts der Raketenangriffe auf israelische Städte keinesfalls einheitliche (»nationale«) Reaktionen erforderlicher Ausdauer und notwendigen Durchhaltevermögens zeitigte. Obwohl dann eine ernsthafte Debatte über das Geschehene nicht stattfand, die teilweise hysterische (in sich aber wiederum bemerkenswert »normale«) psychokollektive Reaktion auf die Bedrohung vielmehr sehr bald nach Beendigung des Krieges gründlich verdrängt wurde, hatten doch diese merkwürdigen Wochen kollektiver ziviler Machtlosigkeit deutlich gemacht, wie sehr der Konsens auch im Hinblick auf diese Art der Erprobung nationaler Standhaftigkeit angezweifelt werden konnte.

Auf dieser (hier nur lapidar skizzierten) Grundlage gradueller Verschiebung innerhalb der Matrix der ehemals vermeintlich homogenen mentalen Wahrnehmung gesamtnationaler politischer Abläufe lassen sich auch Grundhaltungen bezüglich des seinerzeit ab 1992 forciert betriebenen Friedensprozesses beurteilen. Und auch hierbei können Muster elementaren Widerspruchs – oder zumindest uneindeutiger Ausrichtung – ausgemacht werden. Denn obgleich durch die mit den Palästinensern getroffenen Vereinbarungen von Oslo objektiv reale Möglichkeiten für eine grundlegende Veränderung der Beziehungen zwischen beiden Nationalkollektiven im Sinne einer friedvollen Koexistenz entstanden waren, war zugleich mitnichten ausgemacht, inwieweit die konsequente Umsetzung dieser Möglichkeiten nicht bloß Lippenbekenntnis bleiben würde. Entsprechend war auch nicht ganz klar, inwieweit sich die neuen Realitäten letzten Endes nicht lediglich als eine mit friedlichen Mitteln gehandhabte Perpetuierung der Okkupation erweisen würden. Darüber hinaus bedeutete gerade der von den Massenmedien plastisch vermittelte Verkehr israelischer Politiker mit ehemals als »Nazis« tabuisierten Gesprächs- und Friedenspartnern wie PLO-Chef Jassir Arafat den Einsturz traditioneller Mythen vom »ewigen Feind« für die einen, den endgültigen Beweis für die Abirrung vom rechten zionistischen Weg – wenn nicht gar für den »Verrat am jüdischen Volk« – für die anderen. Zudem muss festgehalten werden, dass das, was für die Palästinenser insgesamt die Eröffnung einer (wenngleich zunächst undurchsichtigen) neuen Chance bedeutete, für die allermeisten Siedler im besetzten Westjordanland den Zusammenbruch einer Welt (und sei es einer lediglich mythisch begründeten) bedeutete.

So besehen war die damals proklamierte Friedensbereitschaft des größten Teils der israelischen Bevölkerung bei aller Kriegsmüdigkeitsrhetorik und trotz der pathoserfüllten Visionen vom heraufdämmernden »neuen Nahen Osten« noch lange nicht auf die Probe gestellt worden. Und sie ist letztlich bis zum heutigen Tage theoretisch geblieben. Nicht nur ist inzwischen der Oslo-Prozess zusammen-, die zweite Intifada aus- und die palästinensische Kollektiveinheit im Bürgerkrieg auseinandergebrochen, sondern auch innerhalb der israelischen Gesellschaft haben sich die politischen Koordinaten in einer Weise verschoben, dass sich die historische Nemesis der Okkupationsgeschichte Israel nunmehr endgültig ereilt zu haben scheint. Wenn der Oslo-Prozess etwas gezeitigt hat, so ist es die Gewissheit, ohne einen Rückzug aus den besetzten Gebieten, eine Räumung der Siedlungen, eine Lösung der Jerusalem-Frage im Sinne eines Zwei-Staaten-Friedensbeschlusses und eine politisch ausgehandelte Regelung des Rückkehrrechts der Palästinenser schlechterdings keine friedliche Beendigung des israelisch-palästinensischen Konflikts erwarten zu können. Da nun aber davon ausgegangen werden kann, dass zwar die überwiegende Mehrheit der Siedler – die aus wirtschaftlichen Gründen dem Siedlungswerk beigetretenen zumal – sich der Realität eines staatsoffiziellen israelischen Rückzugs nicht allzu standhaft, ein harter Kern ideologisch fanatisierter Hardliner und religiös überspannter Fundamentalisten hingegen sich mit umso größerer Vehemenz widersetzen wird, mithin in Betracht gezogen werden muss, dass sich der Abbau der Siedlungen weder friedvoll noch gewaltfrei vollziehen lassen wird, dann steht Schlimmstes im Hinblick auf die Reaktionen aller an diesem traumatischen Ereignis auf israelischer Seite Beteiligten zu erwarten. Werden radikale Siedler zur blutigen Gewalt gegen israelische Soldaten bereit sein? Werden Soldaten dem Befehl zu einer notwendig gewordenen Gewaltanwendung, gar einem Schießbefehl gegen Räumungsverweigerer, gehorchen? Werden die allermeisten jüdischen Israelis dem Gedanken eines vom Staat unternommenen massiven Gewaltvollzugs von »Juden gegen Juden« überhaupt standhalten können? Nicht von ungefähr ist in diesem Zusammenhang oft von *milchemet achim*, einem drohenden israelischen Bürgerkrieg (wobei der hebräische Ausdruck »Bruderkrieg« bedeutet) die Rede. Und man mache sich nichts vor: Der von Sharon im Jahre 2005 vollzogene Abzug aus dem Gazastreifen kann nicht als Präzedenzfall für eine künftige Räumung des Westjordanlandes angesehen werden – es handelt sich um ein Unternehmen ganz anderer materieller, religiös-ideologischer und sozial-psychischer Dimensionen. Das weiß jeder in Israel.

Wenn nun aber die (politische) Angst vor einer Beendigung der Okkupation so gravierend ist, dass man bereit ist, sie auf unbestimmt lange Zeit fortzusetzen bzw. von ihrer Aufhebung endgültig abzusehen, dann sieht sich Israel vor ein strukturelles Moment gestellt, das nichts mehr mit ideologischen Pendelbewegungen zu tun hat: Das, was in Israel bereits seit Jahren als die »tickende demographische Zeitbombe« apostrophiert und debattiert wird, bedeutet im Grunde nichts anderes, als dass [bei fortgesetzter Okkupation, mithin dem sozial-ökonomischen Einbezug von Millionen von Palästinensern unter die israelische Staatshoheit], sich *objektiv* eine binationale Struktur herausbildet, die in absehbarer Zeit Juden zur Minorität im eigenen Land werden lassen wird. Diese Möglichkeit wird inzwischen nicht nur von randständigen Apokalyptikern angesprochen, sondern ist bereits in Proklamationen hochrangiger israelischer Politiker zum Thema erhoben worden. Nimmt man nun beides – die Angst vor Beendigung der Okkupation und ihre schicksalsträchtige Fortsetzung –, dann ermisst man erst, vor welcher historischer Weggabelung sich Israel gestellt sieht. Es ist wie die Wahl zwischen Skylla und Charybdis, mithin eine *strukturbedingte* Bedrohung des gesamten zionistischen Projekts. Allmählich beginnt man zu begreifen, dass man im Jahre 1967 einen Apfel in den Mund genommen hat, weder fähig war, ihn zu verschlingen, noch ihn auszuspeien. Nun droht man, an ihm zu ersticken.

Dieses zur Reife gelangte Bewusstsein lässt keinen aus der Einsicht gewonnenen drängenden Handlungsbedarf aufkommen. Es stellt den objektiven Rezipienten dieses Prozesses vor jenes Rätsel, das den Ausgangspunkt der Fragestellung dieses Bandes darstellt. Es handelt sich offenbar um kein kognitives Problem, mit dem man es hier zu tun hat – man weiß ja um die Sackgasse, in die man sich gut zionistisch hineinmanövriert hat, unternimmt aber nichts, um sich aus dieser wieder herauszumanövrieren. Zu klären bleibt, ob die Weigerung, dies zu tun, auch für »gut zionistisch« zu erachten sei bzw. ob es in der Logik der Geschichte des Zionismus liege, dass dem so ist.

Staat und Religion

Das ambivalente Verhältnis des klassischen politischen Zionismus zur jüdischen Religion erklärt sich aus seinem historischen Entstehungszusammenhang. Denn der Zionismus wuchs ursprünglich als eine weitgehend säkulare politische Bewegung heran, die sich – im Zuge der jüdischen Aufklärung des ausgehenden 18. und gesamten 19. Jahrhunderts – vom traditionellen, mithin einem religiösen Habitus verpflichteten Ghetto- und Schtetl-Dasein revolutionär zu lösen trachtete. Er sah in der Religion das zu bekämpfende Bindemittel ans weltanschaulich Althergebrachte und lebensweltlich Festgefahrene, welches es politisch wie gesellschaftlich, somit auch kulturell zu überwinden galt. Nicht von ungefähr erblickte die herrschende jüdische Religionsorthodoxie ihrerseits im Zionismus den schlimmsten ihr aus dem Judentum erwachsenen Feind – zum einen, weil ihre Dominanz in den traditionellen jüdischen Lebenswelten durch ihn (als verlängerten Arm der jüdischen Aufklärung) ernsthaft gefährdet wurde, eine Befürchtung, die sich bald als wohl begründet erweisen sollte; zum anderen, weil Weltanschauung und Praxis des Zionismus ihren religiösen Glaubensdoktrinen diametral entgegenstanden: Dem halachischen Glauben zufolge wird die Wiedererrichtung des wahren jüdischen Staates, mithin die Versammlung des gesamten jüdischen Volkes in Zion, erst mit der Ankunft des (jüdischen) Messias erfolgen können. Alles, was diesem endzeitlichen Ereignis zuvorkommt (*de'chikat ha'kez*), gilt den zentralen Strömungen des orthodoxen Judentums als unverzeihlicher Verstoß gegen Gottes Willen und wird als Sakrileg verdammt.

Gleichwohl stellte dieses antagonistische Grundverhältnis den Zionismus vor ein anderes Problem: Da die Juden überall in der Welt verstreut waren, also kein soziologisch fassbares Kollektiv darstellten, der zionistischen Ideologie zufolge sich aber auf einem gemeinsamen Territorium einzufinden hatten, um auf diesem eine nationale Gesellschaft zu errichten, stellte sich zwangsläufig die Frage, was es wohl sei, das gerade dieses Territorium (Palästina), welches die materielle Basis für das kollektive Selbstverständnis der Juden abgeben sollte, den extrem unterschiedlichen Regionen und Kultursphären angehörenden Juden hätte »schmackhaft« machen können. Anders (und umfassender) gefragt: Was durfte den Status eines konsensuell abgesegneten gemeinsamen Nenners der allermeisten Juden beanspruchen? Die *negativ* bestimmte Antwort hierauf lautete: ihr repressives Schicksal als Ausgegrenzte und Verfolgte – was zwar als effektive Antriebskraft wirken, längerfristig aber keine vital pulsierende Grundlage für den Zusammenhalt des Kollektivs bieten mochte (und sei es, weil ein so begründeter Zusammenhalt letztlich fremdbestimmt bleiben muss). Die *positive* Antwort auf diese Frage war freilich nicht leicht zu geben. Denn wenn schon deutsche Juden mit Juden aus dem osteuropäischen Raum (also aschkenasische Juden untereinander) zumeist keine sonderlich solidarische Beziehung unterhielten, was war in dieser Hinsicht zu erwarten, wenn erst einmal aschkenasische, sephardische und orientalische Juden aufeinandertrafen? Man drehe und wende es, wie man will, in einer Zeit, in der Kategorien wie »Volk« (*am*) und »Nation« (*uma*) den über den Erdball verstreuten Juden lediglich archaischer Mythos und abstrakte Vorstellung sein konnten, bildete die Religion, ganz unabhängig vom lebensweltlich real praktizierten Glauben, die einzige Grundlage für die positive Bestimmung jüdischer Zugehörigkeit und Einheit. Trotz seiner Raison d'être als einer primär säkularen politischen Befreiungsbewegung begriff dies der Zionismus sehr wohl. Denn nicht nur bot ihm die Religion die (wie immer instrumentalisierte) moderne Anbindung an biblische Zeiten, mithin das Argument geschichtlicher »Kontinuität«, welches ja gerade im Hinblick auf die Besiedlung eines für die allermeisten Juden real fremden Landes von gewichtiger Bedeutung war, sondern die Religion als Glaube und damit einhergehende Lebenspraxis war es nun mal, die über Jahrhunderte ein »unsichtbares« Band unter den zahllosen Gemeinschaften des jüdischen Exils aufrecht erhalten hatte.

Nicht von ungefähr verwarf denn der Zionismus alle Alternativen, die man zur Lösung des territorialen Problems einer nationalen jüdischen Heimstätte aufbrachte, und insistierte auf die »Rückkehr« in das »Land der Urväter«. Nicht von ungefähr setzte sich Hebräisch, die heilige Sprache der Bibel – mitnichten selbstverständlich, denn es war ja keine lebendige, im Alltag praktizierte Sprache – als neu zu belebende Nationalsprache durch. Nicht von ungefähr gelangten prominente Gestalten des Alten Testaments wie Moses, Josua, David und Salomon, aber auch die Propheten, allesamt freilich ideologisch vereinnahmt, zu Ehren in der Renaissance hebräischer Kultur im neuen Staat Israel, dessen Gründer, allen voran Ben-Gurion, sich als äußerst bibelfest erwiesen, und der den Bibelunterricht zur obligatorischen Auflage in seinem staatlich etablierten Erziehungssystem machte. Die Religion, gegen deren (Aus)Wirkungen auf die Lebenswelten des diasporischen Daseins der Zionismus sich mit Emphase erhoben hatte, drang so – gleichsam durch die Hintertür – wieder in die ideologische Matrix des Zionismus und des von ihm gegründeten Staates Israel ein.

Dies zeitigte schwerwiegende institutionelle Wirkungen im Staat selbst. Denn da er sich als Judenstaat verstand, Juden mithin ein automatisches Einwanderungsrecht, proklamiert als »Rückkehrrecht«, in dieses Land beanspruchen durften, die Definition des Juden aber – positiv bestimmt – nicht anders zu haben war, als über die Religion, ging die religiöse Definition des Juden (Jude sei, wer von einer jüdischen Mutter geboren wurde oder als Nichtjude eine streng orthodoxe Konversion zum Judentum absolviert hat) als Kriterium für den Anspruch auf israelische Staatsangehörigkeit, mutatis mutandis also auch in den Begriff des israelischen Bürgers, ein. Dem ist zwar nicht offiziell so, aber eben doch in der aus diesem Grundverständnis abgeleiteten Praxis: Die arabischen Einwohner Israels – Muslime wie Christen – gelten zwar formal als gleichberechtigt, leben aber de facto seit Jahrzehnten als unterprivilegierte Bürger zweiter Klasse. Diese ideologisch begründete Verklammerung von religiös eingefärbter Identitätsgrundlage und formalem Bürgerrecht hat dazu geführt, dass das den israelischen Personenstand verwaltende Innenministerium merklich oft religiösen Parteien übertragen wurde. Nicht von ungefähr führte Natan Sharansky, Vorsitzender der mittlerweile aufgelösten »Yisrael Ba'Aliya«-Partei, im Wahlkampf von 1999 die berüchtigte Kampagne »Nash Kontrol« versus »Shas Kontrol« (wobei »Nash Kontrol« sowohl das Akronym von Sharanskys Namen als auch den russischen Slogan »unter unserer Kontrolle« kodierte): Als Führer einer ethnisch-russischen Partei, die sich der Belange und Probleme der großen Masse von Immigranten aus der ehemaligen Sowjetunion, die nach halachischem Gesetz nicht als Juden gelten, annahm, zog er gegen die religiöse Administrationshegemonie der orthodoxen Shas-Partei, die das israelische Innenministerium bis damals verwaltete. Die gesetzlich verbürgte religiöse Rigidität im administrativen Umgang mit Tausenden eingewanderten »nichtjüdischen Juden« sollte machtpolitisch unterwandert werden.

Ihren bislang folgenschwersten Niederschlag fand die Israel beseelende ideologische Verschwisterung von Religion und Staat allerdings in einem anderen Zusammenhang. Zur Erläuterung seien die zentralen religiösen Strömungen des israelischen Judentums kurz in Erinnerung gerufen: Neben dem *Reformjudentum*, welches im hier erörterten Kontext unbeachtet bleiben mag, zumal es in Israel nicht die Verbreitung erfahren hat, deren es sich in den anglosächsischen Ländern erfreuen darf, sind das orthodoxe und das sogenannte nationalreligiöse Judentum zu nennen. Während aber das *orthodoxe Judentum* den Zionismus, wie oben dargelegt, für eine im Wesen sündenbeladene, daher rigoros zu bekämpfende Entwicklung der jüdischen Moderne erachtet, unternahm das *nationalreligiöse Judentum* den historischen Versuch einer Art Quadratur des Kreises: die Synthese von religiöser Orthodoxie und nationalem Zionismus. Begreift das halachische Judentum die messianische Erlösung (auf dieser Welt) als einen gottgewollten, also geschichtlich nicht willkürlich festlegbaren Endzustand, der dem Juden im diasporischen Leben die messianische Hoffnung als regulativen Antrieb, nicht aber als praktische Anweisung zur eigenmächtigen Herbeiführung der Erlösung anbietet, so sieht das – orthodoxen Religionsdoktrinen durchaus verpflichtete – nationalreligiöse Judentum im Projekt des politischen Zionismus die sich historisch manifestierende Ankündigung einer baldigen Ankunft des Messias. Für die Religionsorthodoxie eine unverzeihliche Übertretung göttlichen Willens, bedeutet diese Auslegung moderner jüdischer Geschichtsentwicklung nicht nur, dass man als Zionist religiösen Glaubensinhalten mitnichten abschwören muss, sondern dass man gerade als gläubiger Jude – religiös begründet! – dem politischen Zionismus nicht nur anhängen darf, sondern nachgerade anhängen soll.

Während aber der ursprüngliche nationalreligiöse Zionismus, dessen ideelle Wurzeln weit ins 19. Jahrhundert zurückreichen, mit der Misrachi-Bewegung und ihren Nachfolgern relativ moderate Strömungen in den Zionismus einbrachte, die mit dem säkularen zionistischen Establishment ins konsensuelle Einvernehmen kamen und nach der Staatsbildung über viele Jahre sogar als Anhängsel der herrschenden Arbeitspartei fungierten, änderten sich nach 1967 sein Selbstverständnis und die Rolle, die er in Israels politischer Kultur zu spielen begann, von Grund auf. Großen ideologischen Einfluss übte auf ihn dabei die Theologie Abraham Isaac Kooks aus. Kook hatte behauptet, dass die jüdische Besiedlung von Erez Israel den »Beginn der Erlösung« (*atchalta degëula*) darstelle. Die jüdische Einwanderung ins Gelobte Land galt ihm als religiöse Pflicht eines jeden Juden, da der Zionismus Teil eines von oben gesteuerten »göttlichen Plans« sei. Den orthodoxen Einwand, dies könne nicht der Fall sein, weil ja der Zionismus von national motivierten Atheisten geführt und praktiziert werde, parierte er mit dem Argument, die atheistischen Pioniere des Zionismus seien Werkzeuge Gottes, die seinen Willen verwirklichten, ohne sich dessen bewusst zu sein. Sein Sohn Zvi Yehuda Kook radikalisierte diese Auffassungen insofern, als er die abstrakten Vorstellungen seines Vaters in praktische Tathandlungen übersetzte. Nicht nur würdigte er Herzls Werk als bedeutenden Meilenstein der »Rückkehr nach Zion«, sondern er begriff auch die massive Einwanderung von Juden nach Israel und die territoriale Erweiterung des nationalen Werks durch forcierte jüdische Besiedlung des Westjordanlandes als entscheidende Schritte im gesamten »Erlösungsprozess«. Zwar wahrte er zumeist gebührenden Respekt vor der israelischen Regierung als Repräsentantin des Staates Israel, den er als zentralen Faktor des Erlösungsvorgangs ansah, verlieh aber auch seiner rigorosen Kritik an ihren Taten, sobald diese den biblischen Geboten zuwiderliefen, einen unerbittlichen performativen Ausdruck: Er trieb seine messianisch beseelten Schüler und fanatisierten Anhänger emphatisch an, viele Siedlungen im okkupierten Westjordanland zu errichten. Sein immenser Einfluss auf die Siedlerbewegung, welcher sich nicht zuletzt in den Indoktrinationspraktiken ihrer zentralen Talmudschule (*Yeshivat Ha'rav*), Brutstätte des nationalreligiösen israelischen Chauvinismus, in der Ideologie der Gush-Emunim-Bewegung und im sich stetig erweiternden Siedlungswerk manifestierte, kann nicht übertrieben werden. Die von ihm initiierte und mitgeformte Siedlerbewegung war es denn auch, die den religiösen Zionismus vom Epiphänomen des klassischen politischen Zionismus in einen Führungsfaktor der israelischen politischen Kultur transformierte, der alle israelischen Regierungshäupter seit 1967 in eine ausufernde Siedlungsexpansion im Sinne der Groß-Israel-Ideologie (*Erez Israel ha'schlema*) zu treiben vermochte.

Die detaillierte Darstellung dieses Jahrzehnte lang währenden Prozesses würde den Rahmen der vorliegenden Erörterung sprengen. Eines muss hier gleichwohl deutlich hervorgehoben werden: Mit der ab 1967 sich vollziehenden Metamorphose des nationalreligiösen Zionismus drang ein vitales religiöses Element in die israelische politische Kultur ein, das weder die geistigen Väter des Zionismus noch die Gründer des jüdischen Staates im Jahre 1948 vorgesehen hatten. Was sich anfangs noch einer westlich-rationalen Matrix seines staatlichen Selbstverständnisses rühmte, sah sich einer verhängnisvollen Entwicklung ausgesetzt, bei der dieses Selbstverständnis zunehmend von messianisch verblendeten, irrationalen Elementen durchzogen wurde. Von einem Faustpfand künftiger politischer Verhandlungen verwandelte sich das 1967 eroberte Westjordanland in ein Objekt religiös besetzter ideologischer Begierde. Ob sich dabei die der jüdischen Religion in der klassischen zionistischen Ideologie zugewiesene Stellung und Funktion genealogisch auswirkten, mag hier unerörtert bleiben. Unabweisbar ist jedoch die Tatsache, dass sich alle Regierungen Israels seit 1967, selbst jene, die Friedensverhandlungen führten, an der Erweiterung des Siedlungswerks beteiligten. Als nicht minder bedeutend darf darüber hinaus gelten, dass periodisch geführten Erhebungen zufolge orthodoxe und nationalreligiöse Juden sich stets selbst als solche definieren, während ein Großteil derer, die als säkular eingestuft werden, es vorziehen, sich als »traditionell« (*massorti*) auszugeben: Unabhängig von ihrem eigenen Gottesglauben – zuweilen auch in krassem Gegensatz und Widerspruch zu diesem – wollen sie die äußerlichen Merkmale der jüdischen Religion, zumindest deren zentrale Zeremonien, in ihrem privaten Leben wie im israelischen öffentlichen Raum gewahrt wissen.

Zionismus und Rassismus

Am 10. November 1975 geschah etwas, das man für entweder gravierend oder – gemessen daran, dass dies Gravierende späterhin annulliert wurde – für nichtig erachten kann. Die UNO-Vollversammlung entschied: »[...] der Zionismus ist eine Form des Rassismus und der rassischen Diskriminierung«. Die Stimmverteilung für und wider das Verdikt darf sowohl beim Beschluss als auch bei dessen nachmaliger Annullierung außer Acht gelassen werden; sie verdankte sich der jeweiligen, deutlich zeitgeistgeschwängerten politischen Konstellation der UNO-Vollversammlung. Da aber der an den Zionismus ergehende Vorwurf des Rassismus durch die Aufhebung der institutionellen Entscheidung mitnichten aus der Welt geräumt ist, lohnt es sich, das Problem besagter Zuschreibung grundsätzlich zu reflektieren.

Man kann es sich dabei leicht machen, indem man den Begriff des Rassismus auf seine ursprüngliche, namentlich biologistische Grundbedeutung zurückführt und nachweist, dass sich der historische Zionismus nicht durch ein ideologisches Postulat der Rassenreinheit auszeichnete. Zwar weist die jüdische Halacha in ihrer Definition des Juden eine biologische Komponente auf – Jude ist, wer von einer jüdischen Mutter geboren wurde –, aber zum einen gründet diese Doktrin nicht im Zionismus, sondern im religiösen Judentum; zum anderen ist selbst sie prinzipiell »überwindbar«: Denn Jude ist auch der, der eine orthodox anerkannte Konversion zum Judentum begangen hat. Es stimmt zwar, dass das religiöse Judentum (in striktem Gegensatz zum Christentum und zum Islam) nicht missionarisch ausgerichtet ist, traditionell mithin einer Abgrenzung gegenüber Nichtjuden das Wort redet, aber dies hat nichts mit der Ideologie einer modernen Rassenbiologie zu tun, sondern, wenn überhaupt, mit dem religiös-archaischen Gedanken, auserwählt zu sein, sowie mit der historisch begründeten Ambition, als Religionsgemeinschaft im Diasporischen und im Kontext einer langen Verfolgungsgeschichte zu überdauern. Ein Blick auf Israels Straßen genügt zudem, um sich davon zu überzeugen, wie »rassisch« und ethnisch durchmischt das aus aller Herren Länder im Einwanderungsland Israel zusammengekommene jüdische Kollektiv selbst ist. Selbst wenn man in Anschlag bringt, dass ein Theodor Herzl seinerzeit sich nur schwerlich hätte vorstellen können, der von ihm antizipierte Judenstaat würde dereinst auch dunkelhäutige äthiopische und »nichtweiße« orientalische Juden zu seinen Bürgern zählen – und in der Tat verstand sich das zionistische Projekt ursprünglich primär als ein europäisches, mithin aschkenasisches Unterfangen –, so kann ihm nicht im Nachhinein unterstellt werden, rassistischem Gedankengut aufgesessen zu sein.

Nun ist aber auch kaum anzunehmen, dass der gegen den Zionismus erhobene Vorwurf des Rassismus biologistisch gedacht war. Gemeint war vielmehr, der Zionismus fasst das proklamierte Objekt seiner Emanzipationsbestrebung so eng, dass sich diese Bestrebung mit Postulaten westlicher Emanzipationsvorstellungen als letztlich unvereinbar erweist. Denn der nicht von ungefähr abstrakt konzipierte, spätestens seit der Französischen Revolution zum politischen Maßstab geadelte Bürgerbegriff wollte sich gerade solcher Partikulareinschränkungen wie Religion, Rasse, Ethnie und (späterhin) Geschlecht entledigen, was zwangsläufig mit der Kategorie des Juden als ausschließlichem Kriterium der Zugehörigkeit zum sich als Nation konstituierenden (zionistischen) Kollektiv und des damit einhergehenden Anspruchs auf automatische Staatsbürgerschaft kollidieren musste. Wenn nur Juden (und zwar jeder Jude, wo immer er lebt) einen nicht hinterfragbaren Anspruch auf die israelische Staatsbürgerschaft erheben dürfen, dann findet sich darin in der Tat ein Element diskriminierender Ausschließlichkeit. Was dabei dieses spezifische Moment der Diskriminierung von anderen vergleichbaren Exklusionspostulaten, wie sie sich heutzutage zunehmend als Ausländer- und Fremdenfeindschaft europäischer Länder manifestiert, unterscheidet, ist der Umstand, dass im Falle des Zionismus das Kriterium der Ausschließlichkeit von Anbeginn zur staatsoffiziellen Doktrin, ja zur Raison d'être des zionistischen Staates erhoben wurde.

Zu fragen ist freilich, ob dies für sich genommen angreifbar ist. Denn nicht die Tatsache, dass der Zionismus sich von vornherein als nationale Befreiungsbewegung *der Juden* definierte, wäre in diesem Zusammenhang zu hinterfragen, sondern die historischen Vorbedingungen der schieren Notwendigkeit, die Juden separat emanzipieren zu sollen. Es gibt zwar Strömungen im heutigen Zionismus, die behaupten, der Zionismus hätte sich auf jeden Fall *von sich aus* als Bewegung der kulturellen wie nationalen Erneuerung des diasporisch degenerierenden Judentums konstituiert, aber man geht wohl kaum fehl, wenn man dem gegenüberhält, dass die Schlagkraft dieser (national-kulturellen) Erneuerung sich aus einem reaktiven Moment des Zionismus speiste, namentlich aus dem für das europäische Judentum im ausgehenden 19. Jahrhundert zur nicht ignorierbaren Bedrohung gewachsenen Antisemitismus. Nicht Juden, sondern Nichtjuden schufen das sogenannte »jüdische Problem«; als es sich aber als solches formuliert und gesellschaftlich-politisch etabliert hatte, mussten sich Juden, die es verinnerlicht hatten, mit ihm nolens volens auseinandersetzen. Dabei boten sich ihnen drei säkulare Lösungswege: der (vor allem von deutschen Juden angestrebte) Weg der Assimilation; der (von kosmopolitisch ausgerichteten Juden erwählte) des Sozialismus; und eben der des auf die Errichtung einer nationalen Heimstätte für die Juden zielende politische Zionismus. Letzter kann nicht einfach als partikulare, daher unzureichende Lösung wegdiskutiert werden. Denn nicht nur erwuchs der politische Zionismus aus dem Geiste nationaler Emanzipationsbestrebungen des europäischen 19. Jahrhunderts und verstand sich darin eben als *partikulare* Bestrebung, wie sie allen nationalen Aspirationen jener Zeit zu eigen war; sondern man muss auch bedenken, dass selbst ein Mann vom Schlage Moses Hess, immerhin dem Kreise von Marx und Engels verbunden und zunächst dezidiert universalistischen Erlösungsvorstellungen verpflichtet, sich angesichts der Nationalkonflikte Europas und des anwachsenden Antisemitismus letztlich doch der Idee eines sozialistisch beseelten Zionismus verschrieb, mithin postulierte, »das jüdische Problem« bedürfe der *nationalen* Lösung.

Nimmt man noch hinzu, wie sich mit dem Holocaust die vom Zionismus angetriebene nationale Lösung des »jüdischen Problems« als akute Notwendigkeit der Schaffung einer Zufluchtsstätte für die Überlebenden der welthistorischen Monstrosität ausnahm, dann relativiert sich das Partikularitätsproblem der den Juden unmittelbar nach der Katastrophe real angebotenen »Lösung« ihres »Problems« zumindest in der Logik jenes historischen Ausnahmezustands und des ihm verschwisterten Gefühls gebotener Dringlichkeit.

Nun hat sich aber das, was sich damals als reale historische Notwendigkeit ausnahm und alsbald verobjektivieren sollte, nicht im luftleeren Raum, sondern in einem neuralgischen Kontext zugetragen. Die Gründung des zionistischen Staates ging bekanntlich mit der kollektiven Katastrophe der palästinensischen Bevölkerung im Territorium dieses Staates und einem gewaltigen, von Juden am palästinensischen Kollektiv verübten historischen Unrecht einher. Ob sich dieses Unrecht aus dem *Wesen* des Zionismus (also als etwas von vornherein im Zionismus Angelegtes) ableitete oder sich als tragische Konstellation im zeitgenössischen Zusammenhang deutet, spielt im hier erörterten Kontext eine eher geringe Rolle. Dieses Unrecht besteht und ist mit der israelischen Okkupationspraxis seit 1967 intensiviert, mithin immer wirkmächtiger geworden *ungeachtet* der Apostrophierung des Zionismus als »eine Form des Rassismus«. Zu fragen bleibt freilich, ob die realen geschichtlichen Voraussetzungen für den Zustand des perpetuierten Unrechts in sich schon die strukturelle Tendenz zu dem bargen, was sich nachmalig als Rassismus ausnehmen mochte. Die Antwort darauf könnte positiv, mit nicht minderem Recht jedoch auch negativ ausfallen. Denn würde es beispielsweise zu einer Beilegung des israelisch-palästinensischen Konflikts im Sinne der Zwei-Staaten-Lösung kommen (von der binationalen Lösung ganz zu schweigen, aber die würde ja auch das Ende des historischen zionistischen Projekts bedeuten), würde sich kaum jemand noch einfallen lassen, den befriedeten Zionismus als rassistisch zu bezeichnen. Man würde sich in diesem Falle einer ohnehin prekären Wesensbestimmung des Zionismus enthalten und sich den auch in ihm angelegten Potenzial historischen Wandels verschreiben wollen.

Zu eilig darf man freilich nicht zu diesem (eh noch visionären) Urteil gelangen. Denn der israelische Alltag wie auch die gegenwärtig vorwaltende hohe Politik Israels setzen offenbar alles daran, dem UNO-Verdikt von 1975 noch im Nachhinein Geltung zu verschaffen. Viel ließe sich dazu anführen; dies würde aber den hier gebotenen Rahmen sprengen. Wenige ausgesuchte Beispiele seien stattdessen exemplarisch dargelegt.

»Das Eindringen des Faschismus aus den Straßenrändern in die Korridore der Herrschaft«, schreibt der israelische Historiker Danny Gottwein (Haaretz, 9.11.2010, S.B1), »ist eines der Wege, deren sich die israelische Rechte bedient, um sich mit dem Wandel der gesellschaftlichen Funktion der Okkupation auseinanderzusetzen. Die Modifikation des Staatsbürgerschaftsgesetztes, die darauf aus ist, einen Treueeid auf Israel als einen jüdischen und demokratischen Staat einzubeziehen, ist ein Ausdruck davon«. Gottwein verweist in diesen wenigen Sätzen auf die strukturelle Diskrepanz zwischen dem Selbstbild Israels als einem demokratischen Staat, der sogar vorgibt, die einzige Demokratie im Nahen Osten zu sein, und seiner politischen Realität, die sich gesetzlicher Mittel bedient, welche bei jedem Demokraten berechtigtes Entsetzen hervorrufen dürften. Denn nicht nur ist das Kriterium des Jüdischen unter Juden selbst mitnichten konsensuell geklärt (das Gegenteil ist der Fall) – Israel ist darüber hinaus nun einmal ein Staat, in welchem (staatsoffiziell anerkannt) mindestens 1,3 Millionen Nichtjuden, arabische Bürger, leben. Die irreale, dafür mit umso größerer Emphase ausgesprochene Erwartung, dass diese nichtjüdischen Bürger Israel als einen *jüdischen* Staat anerkennen (und nicht etwa als den Staat *all seiner Bürger*, in welchem sie als gleichberechtigte Bürger einbezogen wären), läuft auf nichts anderes hinaus, als auf ihre strukturelle Exklusion aus der bürgerlichen Gemeinschaft des Landes. Dies ist freilich schon seit Gründung des Staates das etablierte Grundmuster. Offiziell sind Israels Araber gleichberechtigte Bürger des Staates; de facto leben sie aber seit Jahrzehnten (in nahezu allen Lebensbereichen) als Bürger zweiter Klasse. Neu ist die nunmehr gesetzlich vorangetriebene Identitätsfarce, die – aus der politischen Ecke Avigdor Liebermans kommend – der bewussten Diskriminierung der arabischen Bevölkerung des Landes eine legale Grundlage zu verschaffen trachtet. Das hat mit *biologistischem* Rassismus nichts zu tun, sehr wohl aber mit einem ethnisch beseelten politischen Rassismus, der sich mit der Brachialität Liebermans nur zu gut in Einklang weiß.

Danny Gottwein indiziert, dass die faschistische Tendenz sich von den Rändern der Straße in die Mitte der politischen Herrschaft bewegt. Zu denken ist eher eine dialektische Wechselwirkung: Die politische Klasse nimmt auf, was ihr »die Straße« zufaucht, formt aber zugleich das Fauchen, facht es an und legitimiert es. So eröffnet etwa die Publizistin Avirama Golan eine mit der Drohung »Du bist der nächste Araber« betitelte Kolumne (Haaretz, 3.11.2010, S.B1) mit den Worten: »Was ist so schlimm daran – sagte mir G. –, dass Menschen in Gemeinden sich ihre Nachbarn aussuchen wollen? Ich rede von der Bestrebung, in einem schönen, sauberen Ort zu leben, den Kindern eine hochwertige Erziehung in einer qualitativ hochstehenden Gemeinde angedeihen zu lassen; was ist also so schlimm daran, dass man keine Araber haben möchte? Sie passen doch wirklich nicht zu einer Ortsgemeinde mit jüdisch-zionistischer Couleur«. Golan klärt G., einen orientalischen Juden mit einer Frau aus der ehemaligen Sowjetunion, auf, macht ihm plausibel, warum er selbst kaum eine Chance hätte, in der von ihm idealisierten Gemeinde aufgenommen zu werden, und beendet ihre Kolumne wie folgt: »G. ist in eine faschistische Falle hineingetappt, die ihn mit dem hohlen Titel ›Jude‹ entschädigt, während sie seine staatsbürgerliche israelische Identität ausradiert, damit er nicht merkt, wie sehr seine Selbstsicherheit bereits erschüttert worden ist. Aber wieso siehst du das nicht, G.? Weißt du denn nicht, dass in den Aufnahmekomitees [besagter Gemeinden] und in allen künftig kommenden du der nächste Araber sein wirst?«

Was sich bei Avirama Golan wie anekdotische Fiktion des Feuilletons ausnimmt, ist krude israelische Realität, dezidierte Praxis der parlamentarischen Legislative. In der Tat hat der Verfassungsausschuss der Knesset vor wenigen Jahren einen Gesetzesentwurf verhandelt, der die Aufnahmekomitees von Gemeinden gesetzlich ermächtigen soll, Anwärter auf Aufnahme in die Ortsgemeinden nach Kriterien »der Anpassung an die Grundanschauung der Gemeinde« und »der sozialen Anpassung an den Geist der Gemeinde, ihre Lebensweise und ihre soziale Zusammensetzung« anzunehmen oder abzuweisen. Nicht von ungefähr heißt es im Leitartikel der *Haaretz* vom 27.10.2010 (S.B1): »Das ist ein empörender Entwurf, der einen Beschluss des Obersten Gerichtshofes [...] skrupellos umgeht. Die Ortsgemeinden werden auf öffentlichem Boden errichtet und bieten den Anwärtern eine hohe Lebensqualität zu relativ niedrigem Preis an, um das kontroverse Ziel einer ›Judaisierung‹ ganzer Landstriche zu verwirklichen«. Soziale »Anpassung« ans »Jüdische« des Ortes also zwecks prästabilisierter Ausgrenzung von Arabern (oder auch anderen unliebsamen Nichtjuden), welche ihrerseits in einer von oben generierten Politik der »Judaisierung« arabisch bevölkerter Landstriche Israels gründet. Dieses Postulat landnehmender Expansion eignete freilich dem Zionismus von seiner Frühzeit an.

Die Konstellation wechselseitiger Wirkung von diskriminatorischer hoher Politik und alltagsrassistischem Ressentiment verbandelt sich in Israel auch zunehmend mit der Religion. Ein besonders eklatantes Beispiel für diese unselige Verschwisterung war in der nordisraelischen Stadt Safed zu verzeichnen. Auch dieses Falls nahm sich ein Leitartikel der *Haaretz* an (8.11.2010, S.B1): »500 arabische Studenten, die im College der Stadt lernen, wurden Opfer einer hässlichen öffentlichen Attacke, die in Gewalt gegen drei von ihnen gipfelte. Der oberste Rabbiner der Stadt, Shmuel Eliyahu, veröffentlichte letztens ein halachisches Verdikt, welches Juden verbietet, Arabern in der Stadt Wohnungen zu vermieten; von einer Notversammlung, an der 18 Rabbiner und rund 400 Anhänger teilnahmen, ging ein ähnlicher Aufruf aus. Der Vizebürgermeister der Stadt unterstützte die Versammlung. Ein 89jähriger Bürger der Stadt [...] wurde in seinem Leben bedroht, nachdem er seine Wohnung an beduinische Studenten vermietete«. Shmuel Eliyahu ist kein Kind von traurigen Eltern: In der Vergangenheit rief er bereits dazu auf, Araber aus dem College der Stadt Safed zu verjagen, und ging gar so weit, die Ermordung Unschuldiger zu befürworten, wenn sie Palästinenser sind. Dass Regierungsangehörige und die Munizipalobrigkeit diesen blanken Rassismus durch Schweigen legitimieren, darf nicht verwundern. Auch nicht, dass der Rabbiner seine rassistischen Auslassungen damit begründet, es stehe »so in der Thora geschrieben«. Denn was ist schon von einer Regierungsmannschaft zu erwarten, die einen Avigdor Lieberman, den Initiator des Treueeids-Gesetzes, zum Außenminister und die rechtsradikalsten Elemente der israelischen Parteienlandschaft zu Koalitionspartnern erkoren hat? Auch die bigotte Bibeltreue des Stadtrabbiners birgt einen realen Wahrheitskern – denn in der Tat lässt sich manches der Thora entnehmen, das mit den Rassismen des Rabbiners vollauf kompatibel wäre. Ein orthodoxer Rabbiner ist seinem Beruf nach nun einmal ein Vermittler der Thora, Werber halachischer Lebensweise und Bekämpfer all dessen, was seinen religiösen Wahrheiten entgegensteht.

Nur stellt sich die Frage aufs Neue, ob somit der Zionismus vielleicht doch für rassistisch zu erachten sei. Die Antwort lautet weiterhin: nein – jedenfalls insofern der Zionismus als prononciertes Erzeugnis des europäischen Nationalismus begriffen wird. Was Rassismus, Fremden- und Ausländerhass anbelangt, hat er keinem anderen Nationalstaat des Westens etwas vor. Die Spezifität der ihm nachweisbaren rassistischen Elemente (die hier nur lapidar skizziert werden konnten) erklärt sich aus seinem Entstehungszusammenhang und seiner präzedenzlosen historischen Genese, mithin aus seinem wesentlich *reaktiven* Charakter: Der zionistische Rassismus »verdankt« sich in vielem dem europäischen Antisemitismus, nicht zuletzt in seiner ideologischen Selbstgewissheit und seinem selbstgerechten Hang zur (geschichtlichen) Verdrängung. Am Rande bemerkt sei hier nur, dass er darin auch im innerjüdischen Diskurs (etwa zwischen aschkenasischen und orientalischen Juden) nicht haltmacht.

Eine ganz andere Frage ist freilich, ob sich Israels Staats- und Gesellschaftsrealität (ungeachtet essenzialistischer Wesensbestimmungen des Zionismus als solchen) durch Rassismus auszeichnet. Und diese Frage muss – zumindest im Hinblick auf die immer beredter sich manifestierende Gesamttendenz – entschieden bejaht werden. Die unselige Konstellation von geschichtlicher Verfolgungsneurose, politischer Ideologie der Expansion, religiös-messianischem Wahn und realer (selbstgewollter?) Sackgasse in der Handhabung des Nahostkonflikts hat inzwischen die ursprüngliche Idee emanzipierter nationaler Souveränität in eine regressiv-repressive »Rückbesinnung auf sich selbst« umkippen lassen, bei der die historische Angst vorm Verfolgtsein in eine brachiale Ideologie der Verfolgung, »Judentum« zur reaktionären Kampfparole gegen Fremde und das Gedenken an historischen Rassenwahn in eigenen Rassismus umgeschlagen ist. Das hat nicht unbedingt etwas mit Zionismus, viel aber mit der Art und Weise zu tun, wie sich seine Träger in den »Straßenrändern« und den »Korridoren der Herrschaft« gegenwärtig meinen, setzen zu sollen.

Politische Vignetten

Die Larmoyanz des bestohlenen Kosaken

Im Jahre 2005 zog sich Israel aus dem Gazastreifen zurück. Das in diesem okkupierten Territorium Jahrzehnte lang erbaute jüdische Siedlungswerk wurde geräumt und aufgelöst. Das sagte sich einfacher, als es war; es herrschte in Israel alles andere als ein Konsens über den Räumungsakt, allenfalls war man sich über seine immense politische Tragweite für alle Teile der israelischen Politlandschaft einig. Denn sollte sich die Entkopplung von Gaza im Nachhinein als Startzeichen für einen im Gesamtrückzug aus den besetzten Gebieten kulminierenden Prozess erweisen, manifestierte sich in ihr zweifelsohne eine dramatische historische Wende: Bedeutete sie doch nichts weniger als die materielle Aufhebung einer der folgenschwersten Auswirkungen des 1967er-Krieges, mithin die tendenzielle Beseitigung eines der härtesten Kernprobleme im israelisch-palästinensischen Konflikt. Dem musste freilich nicht so sein. Nicht von ungefähr ließ Ariel Sharon, Israels damaliger Premierminister und Initiator des unilateral beschlossenen Rückzugs, verlauten, aus der Entscheidung über Gaza sei nicht über die Zukunft der Westbank zu schließen; augenzwinkernd hieß es zudem aus dem Kreis seiner Vertrauten, Gaza habe man aufgegeben, um für viele Jahre Ruhe im Westjordanland genießen zu können. In der Tat mochte man sich wundern, wieso gerade Ariel Sharon, der über Jahrzehnte handlungsmächtigste und verbissene Förderer des Siedlungswerks und bewundertes Politidol der Siedler, die gravierende Entscheidung des Abzugs getroffen hatte, eine Entscheidung, die nicht nur seine Position in der eigenen Partei zutiefst erschütterte, sondern letztlich seine gesamte politische Zukunft aufs Spiel zu setzen vermochte. Zum übel geschmähten Hassobjekt der Siedler, die ihn nur noch als Verräter ansahen, war er ohnehin bereits avanciert.

Die Antwort darauf war nicht eindeutig. Eine zentrale Rolle dürften in diesem Kontext die auf die Einhaltung des »Road Map«-Plans bedachten USA gespielt haben. Sie hatten dabei einen Kurs betrieben, den viele Israelis als den »israelischen Interessen« entgegengesetzt deuteten. Und es hatte sich einmal mehr erwiesen, dass die sogenannte »traditionelle Israelfreundschaft« der USA eben nur unter gewissen realpolitischen Bedingungen zu sichern ist. Sie hält sich in konventionellen Bahnen, solange die israelische Politik in Einklang mit den US-amerikanischen geopolitischen Interessen in der Region des Nahen Ostens betrieben wird – jede Abweichung von diesem Kurs lässt die Israelis für gewöhnlich sehr bald spüren, wie die wirklichen Machtverhältnisse im Rahmen dieser »Freundschaft« strukturiert sind. Condoleezza Rice, damalige Außenministerin der USA, ließ bei ihrem diesbezüglich entscheidenden Israelbesuch nicht den geringsten Zweifel darüber. Eine andere Erklärung für Sharons »Wende« lag in der oben anvisierten Möglichkeit, Israel hätte unter sicherheitsmäßigen, ökonomischen und politischen Gesichtspunkten ohnehin absurde jüdische Besiedlung Gazas um die Rettung des großen, eigentlich relevanten Teils des Siedlungswerks geopfert. Nicht auszuschließen ist allerdings, dass Sharon, der brutale Militärmensch und machtbesessene, skrupellose Politiker, der er in seiner langen Laufbahn immer war, »altersweise« geläutert und den Zwängen der Realpolitik auf der Höhe seiner Machtkarriere unumkehrbar ausgesetzt, tatsächlich zum Schluss gelangt war, dass Israel mittelfristig nicht gut eine jüdische Mehrheit im zionistischen Staat erhalten könne, wenn es die mit der Okkupation objektiv festgeschriebene »demographische Zeitbombe« weiterhin ticken lässt, mithin die Konsequenz daraus gezogen hat, die Großisrael-Ideologie endgültig aufzugeben und einen generellen Rückzug aus den besetzten Gebieten einzuläuten. Möglicherweise wollte er auch mit der Aura des staatsmännischen Friedensbringers in die Geschichte eingehen. Zu fragen blieb dann freilich: What took him so long? Warum bedurfte es über dreißig Jahre, um zu dieser Einsicht zu gelangen, dreißig Jahre, in denen gerade er, Sharon, maßgeblich an der Schaffung, Förderung, Expansion und Stabilisierung des kolonisatorischen Unglücks und der Besatzungsbarbarei beteiligt war? Dies mag hier jedoch unerörtert bleiben.

Wenn sich aber mit dem Abzug aus Gaza eventuell ein Flügelschlag der Geschichte ankündigte, so durfte man sich auch an die Gedichtworte eines bedeutenden israelischen Poeten erinnern, denen zufolge, selbst im Verlauf des erhabensten Moments der Durchquerung des Roten Meeres beim Exodus aus Ägypten unter Moses' Führung der israelitische Einzelmensch das Keuchen des Mannes hinter ihm gehört und den Schweiß auf dem Rücken des Mannes vor ihm erblickt habe. Trotz – oder vielleicht gerade angesichts – der Tatsache, dass der Räumungsakt einigermaßen glimpflich, mitunter relativ gewaltfrei verlief (die einzige mörderische Gewalt ging von einem jüdischen Terroristen aus, der vier Palästinenser erschoss), wurde in Israel in den beiden Haupttagen der Räumung der Siedler viel geweint, großes Leid beklagt und tiefe Pein durchlebt. Das verwundert nicht: Übersiedlung, Emigration und Transfer von Bevölkerung sind nie leicht, mögen mithin tiefe seelische Wunden, gar Traumata hinterlassen. Und in der Tat durchschwemmte eine Welle solidarischer Empathie und pathoserfüllten Mitleids einen Großteil der israelischen Bevölkerung, die – auf die schnellstmögliche »nationale Versöhnung« aus – tagelang tränenden Auges vorm Fernseher saß und sich in kollektiv prästabilisiertem Mitgefühl übte. Die Print- vor allem aber die elektronischen Massenmedien kamen dem obsessiven Verlangen nach Befriedigung des nationalen Solidaritätsbedürfnisses bereitwillig nach. Und spätestens an dieser Stelle trat der Ideologiecharakter der Selbstdarstellung der Siedler und ihrer öffentlichen Rezeption während der Räumungstage zutage. Besonders prekär nahm sich dabei die Haltung aus, die man im Hebräischen »das Wehklagen des bestohlenen Kosaken« nennt: Die Kosaken waren über lange Zeit an Pogromen gegen Juden im zaristischen Russland maßgeblich beteiligt; die Larmoyanz des bestohlenen Kosaken ist zum Sinnbild selbstmitleidiger Unverschämtheit geworden, der gegenüber man tunlichst keine Empathie entwickeln soll. Das zeternde Wehgeschrei, dass sie, die Kolonialisten, die den Palästinensern über Jahrzehnte die Hölle bereitet hatten, nun »aus ihren Häusern« vertrieben werden; dass sie, die die Leiderfahrung der Araber nie reflektiert haben, nunmehr zu »Opfern« geworden sind; dass sie, die alles, was liberal-linkes Denken zu verteidigen sucht (Menschenrechte und Demokratie z. B.), durch ihr schieres Dasein zertreten und verlacht haben, plötzlich in ihrem politischen Kampf lauthals einklagten – dieses Wehgeschrei bedurfte rigoroser Kritik. Wer den Auszug seiner Kinder aus dem Haus in den besetzten Gebieten ins Kernland Israel mit der Situation des Kindes mit den erhobenen Händen im Warschauer Ghetto verglich und inszenierte, durfte Mitgefühl lediglich im Hinblick auf seinen Realitätsverlust beanspruchen. Das gilt nun für alle messianisch-religiösen Fundamentalisten in Israel, letztlich aber für das gesamte Siedlungswerk in den besetzten Gebieten.

Und eines noch: Ariel Sharons unilateraler Abzug aus dem Gazastreifen legte das Fundament für den Siegeszug der Hamas in diesem gemarterten palästinensischen Landstrich. Nicht ausgemacht, dass nicht selbst das von Sharon mitbedacht und bewusst eingeplant war.

Die Logik einer apolitischen Politveranstaltung

Wie viele es auch immer gewesen sein mögen, die sich am Abend des 3. Mai 2007 auf dem Tel-Aviver Rabinplatz eingefunden haben, um Israels Premierminister Ehud Olmert und Verteidigungsminister Amir Peretz zum Rücktritt aufzurufen – die Veranstalter sprachen von über 150 000, die Polizei schätzte etwa 100 000 –, fest stand, dass es sich um eine nach israelischem Maßstab gewaltige Protestkundgebung handelte, vielleicht um die größte nach jener legendären der »Vierhunderttausend«, die 1982, während des ersten Libanonkrieges, infolge der Massaker in den Palästinenserlagern Sabra und Schatila stattfand (und in Wirklichkeit etwa 250 000 Protestierende zählte). Eine ohne Zweifel beeindruckende Menschenmasse kam zusammen; es war nicht zu übersehen, es lag etwas in der Luft, das sich über Wochen und Monate angestaut hatte. Die Frage war nur, was.

Denn die unmittelbar nach dem Krieg des Vorjahres sich spontan formierende Protestbewegung hatte es ja nicht geschafft, sich zu einem wirkmächtigen Politkörper zu konsolidieren (vergleichbar etwa dem, der nach dem Oktoberkrieg von 1973 große Massen der israelischen Gesellschaft erfasst und die über Jahrzehnte herrschende Labour-Regierung letztendlich in der Tat mit zu Fall gebracht hatte). Vielmehr löste sich diese Protestwelle nach relativ kurzer Zeit wieder in Wohlgefallen auf. Auch an dem Ende April 2006 begangenen Tag des Gedenkens an die gefallenen Soldaten, an welchem in jenem Jahr die Gefallenen im zweiten Libanon-Krieg mitbetrauert wurden, gab es kein prägnantes Anzeichen für jedwede öffentliche Wut über die Sinnlosigkeit der israelischen Soldatenopfer im »verunglückten« Krieg, insbesondere an seinen letzten beiden Tagen.

Der direkte Anlass zur großen Kundgebung am 3. Mai war der Zwischenbericht der mit der Untersuchung des Kriegsdebakels befassten Winograd-Kommission, welcher den (mittlerweile zurückgetretenen) Generalstabschef Dan Halutz sowie den Ministerpräsidenten und den Verteidigungsminister schwerster Fehlentscheidungen, Inkompetenzen und Defizite bei der Kriegsführung beschuldigte, ohne freilich das Verdikt des daraus ableitbaren zwingenden Rücktritts auszusprechen. Ein solcher war erst mit dem Abschlussbericht einige Monate danach zu erwarten. Aber schon der Zwischenbericht reichte offenbar hin, um die Empörung unter weiten Teilen der Bevölkerung gleichsam zu legitimieren, womit sich der Protest, der in den letzten Monaten in eine Art politischen Winterschlafs versunken war, sich aufs Neue belebte und mit beeindruckender Wucht wieder zutage trat.

Was sich allerdings als Manifestation eines genuinen politischen Bewusstseins, ja eines »gesunden« demokratischen Ethos ausnehmen mochte, entpuppte sich zumindest dahingehend als wesentlich apolitisch, als sich bei der abendlichen Massendemonstration zusammenfand, was politisch (dem Augenschein nach) nicht zusammengehört: Linkszionisten, liberale Gutmenschen und rechtsradikale Siedler, Vertreter unterschiedlichster Gesinnung der Opposition und »ehrliche Bürger«, die ihre Stunde gekommen sahen, die empörte *vox populi humana* im öffentlichen Raum endlich wieder zelebrieren zu dürfen. Nichts konnte dieser skurrilen Gemengelage beredteren Ausdruck verschaffen, als der am Morgen des 3. Mai 2007 vom zionistischen Linken Yossi Beilin, prominentem Antreiber des Oslo-Prozesses in den 1990er-Jahren, und dem der rechtsextremistischen Ideologie eines arabischen Bevölkerungstransfers anhängenden Effi Eitam gemeinsam publizierte Aufruf, an der Protestkundgebung teilzunehmen. Beide gehörten zwar der Opposition im israelischen Parlament an, zeichnen sich jedoch durch diametral entgegengesetzte Agenden aus. Gefragt, wie sich dieser unmögliche Zusammenschluss mit seiner Gesinnung vereinbaren lasse, gab sich Beilin zweckrational – die Mittel seien durch den Zweck rechtfertigbar. Weiterhin mit dem Vorwurf bedrängt, der ominöse Zweck könne sich aber doch nur zugunsten des Machtkampfes des in Umfragen als künftiger Premier Israels favorisierten Oppositionsführers Benjamin Netanyahu auswirken, flüchtete sich Beilin ins quasi Unabwendbare – das müsse unter Umständen in Kauf genommen werden. Die Matrix solcher Demonstrationslogik korrespondierte dabei aufs Stimmigste mit der Weigerung der Veranstalter, Politiker bei der Kundgebung zu Wort kommen zu lassen. »Politik« sollte bei dieser Tausende Menschen umfassenden Politveranstaltung volksübergreifend ausgegrenzt werden.

Was immer aber die Veranstalter meinten, mit der massiven Protestaktion erreichen zu wollen, durfte davon ausgegangen werden, dass es trotz der zur Großkundgebung geronnenen abstrusen Melange vor allem Israels Rechte war, die aus den Folgen des Winograd-Berichts (mithin aus ebendieser Kundgebung) politisches Kapital schlagen konnte. Olmerts und Peretz' persönliches politisches Schicksal waren wohl besiegelt. Beide Politgestalten stellten eher Symptome als Ursachen dieser zu erwartenden Entwicklung dar. Denn obgleich sich der militärisch völlig unerfahrene Peretz zu Beginn des Krieges bellizistisch gab, und der nicht minder inkompetente Olmert sich in seiner ersten Kriegsrede geradezu als israelischer Mini-Churchill aufspreizte, war sowohl die Likud-abtrünnige Kadima-Partei Olmerts (spätestens seit dem von ihrem Gründer Ariel Sharon vollzogenen unilateralen Abzug aus dem Gazastreifen) und die Arbeitspartei des ehemaligen Gewerkschaftsführers und »Volkstribunen« Peretz in der breiten Wahrnehmung der israelischen Bevölkerung als »links« kodiert. Dass sie es de facto gesellschaftlich wie politisch etwa so waren wie der ihrer Koalition im Jahr zuvor beigetretene Avigdor Lieberman, spielte dabei keine Rolle. »Links« waren sie, weil es dieses Attributs bedurfte, um der generellen Tendenz des Rechtsruckes der israelischen Gesellschaft seit dem Zusammenbruch des Oslo-Prozesses und dem Ausbruch der zweiten palästinensischen Intifada kohärenten Ausdruck zu verschaffen. Die Scharen der aus dem Gazastreifen abgezogenen Siedler und ihre Gesinnungsgenossen aus der Westbank, die die Kundgebung des 3. Mai bevölkerten, waren da nur die folgerichtige Manifestation dessen, was der verborgenen Logik der Veranstaltung zugrunde lag. Nicht minder bezeichnend waren die großen Massen der Menschen aus dem »linken« Lager und dem Block der großen israelischen Konsensmitte, die sich zum abendlichen Protest auf dem Rabinplatz einfanden: Nicht den Krieg, nicht seine Opfer beklagten sie, nicht die Unterlassung der gerade von dieser Koalitionskonstellation vermeintlich erwartbaren Friedensinitiative zur Lösung des israelisch-palästinensischen Konflikts, sondern das Versagen in der Führung des überstürzten Krieges, den sie gewollt, ja bei seinem Ausbruch bejubelt hatten. Darin waren sich Yossi Beilin und Effi Eitam am 3. Mai einig. Und zu *diesem* einen Zweck ließ sich im Israel des Jahres 2007 offenbar eine Massendemonstration organisieren – zur öffentlichen Empörung über die Verletzung des durchideologisierten kollektiven Narzissmus; zum apolitischen Polit-Event, das seine Gewissheit einzig aus dem Unbestimmten einer in sich wieder ideologisierten Zukunft zu beziehen vermochte.

Dieser Zustand ideologischer Verfahrenheit hatte freilich handfeste strukturelle Gründe. Denn mochte man nach der letzten Knesset-Wahl erwarten, dass die Spitzen der neuen Regierungskoalition – Olmert in der Nachfolge der, wie immer problematischen, gleichwohl *objektiv* progressiven Gazastreifen-Politik Sharons und Peretz als »Taube« aus dem linken Flügel der Arbeitspartei – sich durch den Versuch, einen Durchbruch im israelisch-palästinensischen Konflikt zu erzwingen, profilieren würden, so war nach dem Debakel des Libanonkrieges im Sommer 2006 klar: Dieses Thema würde vorerst von der Tagesordnung verschwinden. Vor dem Hintergrund des in den Augen der allermeisten Israelis katastrophal ausgegangenen Libanon-Krieges durften bei dieser prekärsten aller Herausforderungen der israelischen politischen Realität beide Parteiführer auf keinen öffentlichen Zuspruch, geschweige denn auf ein massives politisches Hinterlands hoffen. Es mag freilich bezweifelt werden, dass eine solche Hoffnung schon vor dem Krieg realistisch gewesen wäre. Denn der Krieg wurde von nahezu allen Israelis als eine offene, mit der Hisbollah zu begleichende Rechnung aufgefasst, mithin als ein durch den von Ehud Barak im Jahre 2000 hastig vollzogenen Rückzug aus dem Libanon notwendig gewordener Waffengang. Nimmt man noch den Beschuss südlicher Orte Israels durch palästinensische Kassam-Raketen aus dem von Sharon geräumten Gazastreifen hinzu, erschließt sich, warum zunehmend viele in der israelischen politischen Landschaft »den *Rückzug*« – *jeglichen* territorialen Rückzug – zu tabuisieren begannen, und zwar nicht mehr (nur) aus wertideologischen Gründen, wie sie seit Jahrzehnten von der rechtsextremen Siedlerbewegung vertreten werden, sondern durchaus auch im (freilich an sich ideologischen) Sinne eines offenbar »nicht lohnenden Handels«: Was erntet man schon, wenn man guten Willen zeigt und besetzte Gebiete räumt? Nichts als Undankbarkeit und neuerliche Gewalt! Seit dem Zusammenbruch des Oslo-Prozesses und des mit diesem einhergehenden Ausbruch der zweiten Intifada ist »der Rückzug« zum ausgesprochenen Reizwort der israelischen politischen Kultur avanciert. Dies umso mehr, als immer mehr jüdischen Israelis (zumindest vorbewusst) klargeworden sein dürfte, dass die Zukunft des zionistischen Staates (mithin der jüdischer Majorität in diesem) ohne Rückzug nicht längerfristig garantiert werden kann. Und es ist das ständige Hin- und Her-Gerissensein zwischen der Einsicht in die Notwendigkeit »des Rückzugs« und der ideologisierten Angst vor diesem, die die fatale Neuralgie des israelischen politischen Dilemmas ausmacht – eines Dilemmas, das sich in den letzten Jahren, trotz eklatanter gegensätzlicher Dringlichkeit, immer wieder in apolitischer Stagnation verläuft. Nicht zuletzt das manifestierte sich in der Tiefendimension der Massenkundgebung am 3. Mai das Apolitische im Politischen.

Erschreckende Nonchalance

Diese Zeilen wurden am Vorabend des 1. April 2012 niedergeschrieben, einem passenden Datum zu dem in Israels politischen Diskursfeld derzeit vorherrschenden Gefühl: Man wusste nicht so recht, ob man gewichtigen Analysen, Einschätzungen und deklarierten Handlungsinitiativen trauen durfte; ob emphatisch Angesagtes bzw. Angedeutetes von einem verantwortungsvollen Realitätssinn getragen war; ob Sein und Schein noch überhaupt auseinanderzuhalten waren. Dies betraf einiges in diesem Diskursfeld – etwa das »Versprechen«, die im vorangegangenen Herbst sang- und klanglos untergegangenen sozialen Protestbewegungen, die Israels öffentliche Sphäre einen Sommer lang aufgewühlt und inspiriert hatten, im kommenden Sommer wieder auflodern zu lassen –, bezog sich aber vor allem auf die von der politischen Klasse zerredete Bedrohung Israels durch die Entwicklung des iranischen Nuklearprogramms und die in diesem Programm angelegte Voraussetzung für die Herstellung einer iranischen Atombombe.

Das Gefühl der Bedrohung hatte dabei einen realen Wahrheitskern. Angesichts der überspannt-echauffierten Rhetorik eines Achmadinedschads und seiner immerfort wiederholten Beschwörung der Vernichtung des zionistischen Staates nahm sich die künftige Nuklearisierung Irans für israelische Ohren wesentlich gefährlicher aus als die mögliche atomare Bewaffnung anderer Staaten in Israels Nachbarschaft. Hinzu kam, dass nicht nur die nukleare Aufrüstung des Mullah-Staates per se, deren Verwirklichungspotenzial, je nach Einschätzung, in Größenordnungen von Jahren eingestuft wird, als gravierender Faktor im Diskurs firmierte, sondern auch das angeblich entstandene »Zeitfenster«, einen israelischen Angriff auf die Infrastruktur des iranischen Nuklearprogramms effektiv zu vollziehen, weil die Iraner kritische Bestandteile dieser Infrastruktur in unterirdische, von der Luft nur schwer angehbare Bunker verlagert hatten – dies als Konsequenz aus in der Vergangenheit erfolgreich praktizierten israelischen Angriffen auf nukleare Anlagen im Irak (Juni 1981) und in Syrien (September 2007). Dieses »Zeitfenster« beschränkte sich, wie massenmedial inoffiziell zur Sprache gebracht, auf wenige Monate im Jahr 2012. Ein allgemeines Bedrohungsgefühl verbündete sich somit mit einer akuten zeitlichen Dringlichkeit – die perfekte Konstellation für politische Panikmache, wenn man an einer solchen interessiert war.

Israels Premierminister Benjamin Netanjahu war (und ist) an ihr interessiert. Das liegt auf der Hand. Nicht nur deshalb, weil manipulative Panikmache schon längst zu seiner politischen Handlungs- und Regierungsmaxime geronnen ist, sondern weil es ihm mit ihr in den letzten Jahren auch stets gelang, das eigentliche Kernproblem des Nahostkonflikts, den seit Jahrzehnten fortwesenden Territorialkonflikt zwischen Israelis und Palästinensern, aus dem Bewusstsein der Weltöffentlichkeit zu verdrängen. Die lähmende Stagnation in der Handhabung dieses Konflikts, mithin seine bewusste Steuerung in eine politisch-historische Sackgasse mittels der sich zunehmend schwerwiegender auswirkenden Okkupationspraxis, war und ist ihm schon immer ein vorrangiges ideologisch-politisches Anliegen, welchem er nunmehr durch die Artikulation einer vermeintlich akuten Existenzbedrohung Israels durch den Iran zur Aktualität und frischen Prominenz verholfen hatte. Ein israelischer Regierungschef, der sich im US-amerikanischen Wahljahr bei einer Brandrede vor dem »Amerikanisch-israelischen Ausschuss für öffentliche Angelegenheiten« (AIPAC) nicht entblödete, Israels Lage im Jahre 2012 mit der von Juden in Auschwitz in den 1940er-Jahren zu vergleichen, somit also zu suggerieren, dass die amerikanische Aktionsverweigerung dem Iran gegenüber analog zur Nichtbombardierung von Auschwitz durch die Alliierten im Zweiten Weltkrieg zu begreifen sei, trieb nicht nur ein ideologisches Unwesen mit dem neuralgisch geladenen historischen Vergleich, sondern trieb sich selbst in einen prädeterminierten Handlungszwang. Wenn er das aussprach (und meinte), was er vor dem jüdischen Establishment der USA ausgesprochen hatte, konnte es sich Netanjahu nicht leisten, nicht auch präventiv zuzuschlagen.

Zu fragen war (und ist) dabei, ob diese Flucht in eine selbst herbeigeredete Notwendigkeit tatsächlich nicht hintergehbar ist, ob das vorgebliche Muss also wirklich ein solches ist. Diese Frage stellte sich umso mehr, als aus israelischen Militär- und ehemaligen Geheimdienstkreisen mittlerweile an die Öffentlichkeit gedrungen war, womit die israelische Zivilbevölkerung als Rückschlag seitens eines attackierten Irans wird rechnen müssen: Von Hunderten, wenn nicht Tausenden Toten war da die Rede; von der Verwüstung israelischer Städte durch Langstreckenraketenbeschuss aus dem Iran, aus Syrien, aus dem Norden Israels (Hisbollah) und seinem Süden (Hamas); von der Lähmung der israelischen Wirtschaft im Verlauf eines über Wochen, wenn nicht Monate dauernden Krieges – ganz abgesehen von den Auswirkungen eines solchen regionalen Kriegs auf die Weltwirtschaft durch Belastung der regulären Ölversorgung und das damit unweigerlich einhergehende Hochschießen der Ölpreise; ganz abgesehen von der endgültigen Isolierung Israels in der globalen Politik als Resultat ebendieser neue Weltlage. Netanjahus engster Verbündete bei diesem Unterfangen, der damalige Verteidigungsminister Ehud Barak, hatte die Folgen für Israel als überschau- und hinnehmbar eingestuft: Nicht mehr als 500 Tote werden es sein, eine Zahl, die ihm gemessen am Gewicht des gesamten Unterfangens offenbar als eine angemessene und in jedem Fall zu verkraftende erschien.

Es sei einmal dahingestellt, was die beiden israelischen Spitzenpolitiker bei ihrem aktionistischen Bellizismus antrieb. Die vermeintliche Sorge vor einer neuen Shoah dürfte dabei realiter eine eher geringe Rolle gespielt haben, wenn man bedenkt, dass die mögliche Nuklearisierung Irans vermutlich in den aus den Zeiten des Kalten Krieges bekannten Zustand eines Gleichgewichts des Schreckens münden würde: Der Besitz von Atomwaffen bedeutet noch lange nicht ihre mit leichter Hand verordnete Verwendung. Es ist dabei mitnichten davon auszugehen, dass

Irans politische Führung weniger zweckrational sei als die Israels, wenn auch Israels Propagandamaschinerie nicht müde wird, genau das zu suggerieren. Über Netanjahus und Baraks damalige eher im Bereich persönlicher Erfolgserwartungen liegende Motive darf hier geschwiegen werden; ohnehin könnte über sie nur spekuliert werden. Ungleich beunruhigender war (und ist) hingegen die unheimliche Ruhe, ja Apathie, mit der der öffentliche Diskurs Israels mit der Möglichkeit eines infolge des Angriffs auf den Iran zu erwartenden Rückschlags aufs israelische Hinterland umging und umgeht. Von den Mahnungen einiger couragierter Publizisten abgesehen, ist dieser Diskurs von einer erschreckenden Nonchalance beherrscht: die offizielle Panikmache seitens der Politklasse hat offenbar dermaßen gut gewirkt, dass sich die öffentliche Sphäre des Landes in einem unerschütterlichen Vertrauen in dessen politische Führung übt. Ob dabei die Protestbewegung im Sommer 2011, die nun keine wirkliche soziale Protestbewegung war, ihre erstaunlich schnell erfolgte Evaporierung, die Sackgassensituation der israelischen Politik und das lemminghafte Stillhalten der Bevölkerung angesichts der ihr infolge eines initiierten Angriffs auf den Iran drohenden existentiellen Gefahr in einem (wie immer unsichtbaren) kausalen Nexus standen, wird sich erst in Zukunft abschätzen lassen – womöglich, wenn es (zumindest geschichtlich) zu spät sein wird.

Bescheidene Mission

Walter Benjamin hat den Engel der Geschichte mit einer allzu gewichtigen Mission beauftragt: die unter den sich bis zum Himmel türmenden Zivilisationstrümmern begrabene menschliche Katastrophengeschichte in all ihren Details zu »erinnern«. Warum nicht mit einer bescheideneren Mission beginnen? Sich beispielsweise auf die Geschichte des Andenkens an Rabins Ermordung konzentrieren und prüfen, was geschah

- mit den manipulierenden Rabbinern und hetzenden Politikern;
- mit den pathoserfüllten Gelöbnissen, »nicht zu vergessen«, die bald genug zu einem »nationalen Versöhnungspostulat« gerannen;
- mit der friedensbeseelten Generation, die nach und nach evaporierte, bis sie endgültig im Verstörungsnebel der zionistischen Linken verschwand;
- mit dem Versprechen, »Rabins Vermächtnis« (was immer es gewesen sein mag) zu wahren, ein Versprechen, das sich in der Wahl eines neuen israelischen Premierministers nach der Mordtat verwirklichte, und zwar mit dem Sieg eines der größten Demagogen der israelischen Politik, der seinen eigenen indirekten Beitrag zum politischen Mord geleistet hatte;
- mit der Wut über das nationalreligiöse Judentum, aus dessen Mitte das Unwesen erwachsen war, einer Wut, die bald genug freudigst wider die gegen das nationalreligiöse Judentum und seine fanatischen Siedlerschwärme »hetzende Linke« umkanalisiert wurde;
- mit der sich nach und nach verfestigenden Gewissheit, dass hier von randständigem politischem »Unkraut« mitnichten die Rede sein konnte, sondern von einem schwei-

genden Einvernehmen unter vielen in der israelischen Bevölkerung und im politischen Establishment, die eine heuchlerische Leid- und Trauermiene aufsetzen, dabei aber ein zunehmendes Verständnis für die Motivationen des Mörders aufbrachten, weil der Ermordete »zu schnell« vorgegangen sei und in letzter Rechnung – bei allem »Bedauern« über seine Ermordung – halt doch den Zionismus »verraten« habe;

- im Grunde – mit dem Andenken selbst, welches für den Gegenstand der Erinnerung keinen ernsthafteren Ausdruck zu finden vermag als eine Reihe von selbstgefällig klugscheißenden Variationen über einen (vom bewegten US-amerikanischen Präsidenten geprägten) Aufkleber-Slogan, der noch in den Tagen der offiziellen Trauer nach dem Mord große Popularität gewann.

Und wenn sich eines Tages die provokante Prophezeiung des Mörders verwirklichen und er tatsächlich zum »nationalen Helden« avancieren wird, wird sich auch der Engel der Geschichte fragen lassen müssen, welchen Sinn die Wahrung von historischem Gedächtnis haben soll, wenn es nicht einmal das Bewusstsein vom elementaren Verhältnis zwischen Mörder und Ermordetem zu wahren vermag, geschweige denn die Erinnerung an die Motivationen, die jenem politischen Mord unterlagen – und an den Grund seines Erfolgs.

Zwei Kolumnen

Zwei im Frühjahr 2014 publizierte Zeitungstexte seien hier in ihrer vollen Länge wiedergegeben. Es handelt sich um publizistische Texte, die keinen Anspruch auf akribische Wissenschaftlichkeit erheben, und doch Wahrheiten aussprechen, deren Nachweis eben nicht der Wissenschaft, sondern eines realistisch geschulten Verstandes und einer ungetrübten Common-sense-Evidenz bedarf. Ihre Autoren genießen in Israel eine gewisse Prominenz, obgleich sie dem außerkonsensuellen Rand der israelischen Gesinnungsarena angehören. Die allermeisten jüdischen Israelis würden das, was in diesen Texten zur Aussage gelangt, nicht nur nicht unterschreiben, sondern es ist davon auszugehen, dass sie die Textaussagen und ihre Autoren als Manifestationen linker ideologischer Abartigkeit, ja schmählichen Verrats an Israel und dem Zionismus ansehen. Gerade darin verkörpern und repräsentieren diese freilich einen unhintergehbaren Wahrheitskern der Israel dominierenden Politrealität, mithin zentrale Aspekte des in diesem Band erörterten Hauptanliegens.

* * *

Am 31. März 2014 veröffentlichte der Schriftsteller Yitzhak Laor folgende, mit »Abbas, anerkennen Sie Israel nicht als jüdischen Staat« betitelte Kolumne in der Tageszeitung *Haaretz.*

> »Ich wurde im April 1948 geboren, am achten Tag meines Lebens beschnitten. Meine Muttersprache ist Hebräisch, obgleich die Muttersprache meiner Mutter eine ›fremde‹ war. Obwohl wir säkular waren, nahm ich während meiner Schulzeit, wie alle, an Hunderten von nationalen, fast-religiösen Zeremonien teil. Ich nahm die Zeremonien ernst, wie die meisten meiner Volksangehörigen. Ich

absolvierte auch die Bibellesung in meiner Bar Mitzvah, wie die meisten meiner Volksangehörigen. Elf Jahre in Folge lernte ich die Bibel. Ich lernte hebräische Literatur, die kein Jude auf der Welt wirklich lernt und kennt.

Ich diente in der Armee. Auch dort war ich gezwungen, an Zeremonien teilzunehmen. Ich ging zu Hochzeiten, Beschneidungsritualen, Begräbnissen, alle waren sie religiös, auch meinen Sohn habe ich beschneiden lassen. Ich bewegte mich stets zwischen dem strukturellen israelischen Antisemitismus des glühenden Hasses auf die jüdische Religion und meiner, unserer, tiefen Feindschaft dem westlichen Antisemitismus gegenüber, von dem ich hörte, den ich aber nicht kannte. Wir brauchen keine Anerkennung des Jüdischen am Staat. Nicht, dass ich dir damit meine Unterstützung der palästinensischen Position im Streit erklärte. Nein. Ich bitte dich auch nicht, ›flexibler zu werden, um uns von der korrumpierenden Besatzung zu befreien‹ usw. Ich bitte dich, wenn es dir nicht schwer fällt, den ›Staat des jüdischen Volkes‹ nicht anzuerkennen, auch nicht auf Bitte von Barack Obama. Auch um unsertwillen. Kurzum – trage nicht dazu bei, unsere Souveränität einer imaginierten globalen Entität auszuliefern, die am Anspruch aufs Land teilhaben wird, und deren Vertreter, ob der herrschenden Majorität, als eine Art unsichtbarer automatischer Verstärkung der Mehrheit, immunisiert sein werden.

Hilf den Nationalchauvinisten – ob Kippa tragend oder Schweinefleisch essend – nicht, das Gefüge, das sich israelische Demokratie nennt, mittels der ›jüdischen Identität‹, von der niemand weiß, was sie ist, noch mehr zu unterwandern. Sogar die Liebe zum Land hat man uns in einen militaristisch-religiös-chauvinistischen Begriff übersetzt. Ich liebe es wirklich, außerhalb dieses Diskurses. Und im Namen dieser Liebe schreibe ich dir: diese Anerkennung ist überflüssig.

Ich hatte, und habe, viele Freunde, Juden und Nichtjuden, und unter den Juden waren, und sind noch immer, Religiöse, Orthodoxe, orientalische Juden, die zu Pessach Hülsenfrüchte essen, und aschkenasische Juden, die zu Pessach keine Hülsenfrüchte essen, orientalische Juden, die zu Pessach Sauerteig essen, und aschkenasische Juden, die zu Pessach koscher essen, usw. Ich hatte, und habe, arabische Freunde – Muslime, Drusen, Christen. Und unter den christlichen Arabern hatte, und habe, ich orthodoxe Freunde, Katholiken, einen Kopten und Kommunisten. Ich wünschte mir, dass unsere Söhne dieses Mosaik kennen würden, nicht nur als Fußballanhänger, die sich für Salim Toama, Ahmed Abed, Maharan Radi oder Moanes Dabour begeistern.

Im Moment unterhalten uns die Stars nur und verschwinden am Ende ihrer Karriere. Das Mosaik, dem sie entstammen, ertrinkt nicht nur in Armut, sondern es ist in unserem Leben gar nicht erst präsent, wegen der ›jüdischen Identität‹ des Staates. Und das ist nur ein Beispiel für die langweilige nationale Blindheit.
Es ist unserem Leben nicht zuträglich, dass sie, wenn überhaupt, nur in einem alten Mythos und einer falschen westlichen Phantasie existieren. Die ›jüdische Identität‹ verwandelt uns in beschränkte Dummköpfe, bar konkreten Interesses an unserem Land, in welchem es Natur, Vögel, Blühendes gibt, wenig Wasser, viel Wüste und Menschen, die als Menschen glücklich leben wollen.
Von selbst versteht sich, dass die Forderung nach ›Anerkennung des jüdischen Staates‹ nur ein Vorwand ist, die Okkupation zu verewigen. Über die Forderung hinausgehend gibt es, zu unserem Unglück, ohnehin keine Perspektive. Daher, gib nicht nach – weder in Bezug auf die Zwei-Staaten-Lösung noch in deiner Weigerung, den ›Staat des jüdischen Volkes‹ anzuerkennen. Die Anerkennung des Staates Israel reicht aus. Es bedarf nicht mehr als das.
Wohl wahr, uns obliegt es, uns vom Rassismus des Staates zu befreien, von der sich in seiner gegenwärtigen Definition manifestierenden Diskriminierung. Wie müssen uns von seinem Rassismus befreien, der beispielsweise arabische Hightech-Arbeiter in Yokneam zum Freiwild gewalttätiger Hooligans werden lässt, die die Reifen derer Wagen durchstechen, ohne dass jemand etwas unternimmt, um sie zu beschützen. Wir müssen uns vom obsessiven Bedürfnis befreien, uns als eine homogene Einheit zu definieren, die nur eine Vergangenheit hat, und nicht viele, die nur einen Ursprung hat, und nicht viele, nur eine Sprache, und nicht viele.
Gib ihnen diesen Freibrief nicht, bitte.«

* * *

Am 1. Mai 2014 veröffentlichte der israelische Journalist und Publizist Gideon Levy folgende Kolumne in der *Haaretz*. Titel seines Textes: »Keine Apartheid?«.

»Kann sich Israel in einen Apartheid-Staat verwandeln – wie der amerikanische Außenminister letzten Freitag sagte – oder kann es sich nicht in einen solchen verwandeln – wie er am [drauffolgenden] Dienstag sagte? Wie soll man das wissen? Mit einem derart schwächelnden Außenminister und einem derart schändlichen Rückzieher ist es vielleicht gar nicht mehr wichtig, was John Kerry denkt und was er sagt. Mit einer derart brutalen Lobby wie der jüdischen und einer derart schwachen Regierung wie der Barack Obamas, die sich bei jeder ›proisraelischen‹ Kapriole versöhnlerisch gibt und sich vor dieser duckt, braucht Israel keine Feinde mehr; es hat schon genug an seinen ›Freunden‹. Man sehe, was einem echten Israel-Freund widerfahren ist, der lediglich versucht hat, es vor sich selbst zu warnen. Wie erbärmlich ist der Außenminister einer Weltmacht, der sich zu Tode entschuldigt. Und wie wenig freundschaftlich Israel gegenüber ist es, nur wegen der Angst vor der Lobby eine ehrliche und wahre Freundeswarnung zurückzunehmen. Nun wissen Millionen von ignoranten Amerikanern, Zuschauer von FOX-Channel und seinesgleichen, dass Israel sich nicht in einen Apartheid-Staat verwandeln kann. Sie glauben ja auch, dass Israel wegen der Macht der Hamas und der Effektivität der Kassam-Raketen in seiner Existenz bedroht sei.

Aber Kerrys Gestottere verändert ja nicht die Realität, und diese schreit aus jeder Wand. Von jedem palästinensischen Dorf in der Westbank, von jedem Wasserspeicher und Elektrizitätsnetz, nur für Juden; von jedem zerstörten Zeltlager und von jedem vom Militärgericht gefällten Urteil; von jedem nächtlichen Arrest, von jeder Sperre, von jedem Räumungsbefehl und jedem Haus in den Siedlungen – gellt die Apartheid. Nein, Israel ist kein Apartheid-Staat, aber in den von ihm okkupierten Gebieten herrscht seit bald fünfzig Jahren ein ausgesprochenes Apartheid-Regime. Wer weiterhin in der Lüge leben, verdrängen, leugnen und verleugnen will, möge nach Hebron fahren. Es gibt keinen ehrlichen und gerechten Menschen, der von dort zurückkehren und nicht zugeben wird: Apartheid. Jene, die sich vor dem politisch inkorrekten Wort scheuen, mögen einige Minuten die Shuhada-Straße – der Trennungsstraße mit den getrennten Bürgersteigen – begehen, und ihr Bedenken, das verbotene Wort zu gebrauchen, wird ihnen sofort vergehen.

Die Geschichte des Konflikts ist angefüllt von verbotenen Worten. Einst durfte man nicht ›Palästinenser‹ sagen; späterhin war es auch verboten, ›Okkupation‹ zu sagen. Weder ›Kriegsverbrechen‹ noch ›Kolonialismus‹ noch ›binationaler Staat‹. Jetzt darf man nicht von ›Apartheid‹ sprechen.

Die verbotenen Wörter paralysieren den Diskurs: Hat man aus Versehen ›Apartheid‹ gesagt, ist die Wahrheit nicht mehr relevant. Aber keine politische Korrektheit und keine, wie immer salbadernde

Wortwäscherei kann die Wirklichkeit verdecken. Und die Wirklichkeit ist ein Apartheid-Okkupationsregime.
Die Verharmloser können unendlich viele Unterschiede zwischen der Apartheid von Pretoria und der Jerusalems finden. Dort herrschte eine kohärente rassistische Lehre, hier wird sie geleugnet und verdrängt, versteckt unter einer schweren Decke von Propaganda und messianisch-religiösen Glaubenssätzen. Aber das Ergebnis ist dasselbe. Es gibt segregationserfahrene Südafrikaner, die behaupten, dass ihre Apartheid schlimmer war. Ich kenne Südafrikaner, die sagen, dass die der besetzten Gebiete schrecklicher sei. Aber weder diese noch jene vermögen, einen signifikanten Unterschied am Fundament der Dinge auszumachen: Wenn zwei Völker sich ein Stück Land teilen, die Angehörigen des einen Volkes mit allen vollen Rechten und die Angehörigen des anderen ohne jedes Recht, dann ist das Apartheid. Wenn etwas wie Apartheid aussieht, sich wie Apartheid bewegt und wie Apartheid tönt, dann ist es Apartheid.
Israel ist ein potenzieller Apartheid-Staat, genau, wie es Kerry-A (am Freitag) gesagt hat, während Kerry-B (am Dienstag) nur diese Wahrheit zu verwischen und zu verdecken bemüht war, aus Angst vor der Lobby. Aber die Zukunft birgt die Apartheid in sich. Keine zwei Staaten? Dann nur einen Staat. Nicht einen demokratischen und von Gleichheit getragenen Staat, einen Staat all seiner Bürger? Dann nur einen Apartheid-Staat. Eine andere Möglichkeit gibt es nicht. Das Nein zur Zwei-Staaten-Lösung entscheidet Israel durch seine Taten. Das Nein zu einem binationalen, demokratischen Staat drückt Israel durch seine Furcht vor einem nichtjüdischen Staat aus. Was bleibt übrig? Ein Apartheid-Staat. Wenn nicht heute, dann morgen. Und wenn nicht morgen, dann übermorgen«.

* * *

Beide Texte verhalten sich komplementär zueinander. Die in Lars Kolumne formulierte Bitte an Mahmud Abbas weiß sich dem von Levy indizierten Realzustand dahingehend verschwistert, als sie sich der Kausalverbindung von beidem bewusst ist: Die Anerkennung Israels als einen »jüdischen Staat«, ohne die Zwei-Staaten-Lösung real anzupeilen, führt zwangsläufig zu einer Apartheid-Konstellation. Da aber diese Apartheid-Konstellation, Levy zufolge, bereits existiert, kann die Forderung der Anerkennung Israels als einen jüdischen Staat nichts anderes bedeuten, als den Versuch der Verhinderung einer Verwirklichung der Zwei-Staaten-Option, mithin die ideologische Verbrämung der bewussten Absage an die Friedensperspektive.

Netanyahu weiß, dass Israel qua Israel von den Palästinensern bereits 1988 anerkannt worden ist, die Forderung der abermaligen offiziellen Anerkennung durch Mahmud Abbas also nicht nur überflüssig, sondern einzig als ein probates Mittel zu verstehen ist, Abbas in politische Bedrängnis zu bringen, indem er dieser Forderung im Jahre 2014 Folge leistet. Warum sollte er es auch tun? Was hat der palästinensische Führer sonst noch in der Hand außer diese formale (wie immer letztlich irrelevante) Anerkennung, die darüber hinaus auch innerisraelisch unerwünscht bleiben muss, wenn man dem folgt, was Laor in seinem Text darzulegen versucht? Dies umso mehr, als in Israel selbst ziemlich unklar ist, was ein »jüdisches Israel« bzw. ein Israel als »Staat der jüdischen Nation« bedeuten soll. Meint ein »jüdisches Israel« ein Land mit halachischem, also orthodox-religiösem Gesetz? Wenn ja – würde dies mit Sicherheit von einer massiven Mehrheit der jüdischen Bevölkerung rigoros abgelehnt werden (von den nichtjüdischen Bürgern des Landes soll hier erst gar nicht gesprochen werden). Wenn aber nicht – müsste man für einen solchen Definitionsvorschlag erst ein Kriterium anbieten, das entweder nichtreligiös ist oder aber die formale Religionszugehörigkeit zum Kriterium einer nichtreligiösen Zugehörigkeitskategorie (der staatsbürgerlichen nämlich) erhebt. Es geht dabei nicht um haarspalterische Spitzfindigkeiten, sondern um einen manifesten Widerspruch, in welchem der Zionismus seit seinem Anbeginn verhaftet war, ein Widerspruch, dessen Auflösung von solch gravierender Tragweite ist, dass er nicht von ungefähr bis zum heutigen Tag die kollektive Annahme einer israelischen Verfassung verhindert hat.

Aber selbst, wenn man das »jüdische Israel« als Definition fallen lässt und stattdessen vom »Staat der jüdischen Nation« redet – was genau bedeutet das praktisch? Ein Großteil des jüdischen Volkes lebt nicht in Israel, viele seiner Angehörigen sind keine Zionisten, nicht wenige gar Antizionisten. Wenn Nation in der Moderne die politisch-bürgerliche Konsolidierung einer gesellschaftlich organisierten Kollektivität meint, die ein physisch definiertes Territorium bevölkert und einer kollektiven – eben nationalen – Sprache verpflichtet ist, so ist dieser Nationsbegriff schlechterdings nicht kompatibel mit dem realen Zustand des bis heute auf vielen Erdteilen verstreuten jüdischen Kollektivs. Juden in der Welt mögen eine Affinität zu Israel empfinden, eine Solidarität mit ihm bekunden, sich mit ihm identifizieren, aber sie tun es nun mal nicht als seine Bürger, sondern als Bürger anderer Staaten, denen sie in nahezu jeglicher Hinsicht weit konkreter verpflichtet sind, als sie es Israel gegenüber aus der Ferne je sein könnten. Ihr Zugehörigkeitsgefühl, insofern überhaupt vorhanden, ist psychisch-ideeller Natur. Wenn sie nun aber als Teil einer »jüdischen Nation« apostrophiert werden, dann hat es etwas mit einem religiös begründeten, archaischen Nationsbegriff zu tun, der im Judentum in der Tat dem Volkbegriff und der Religion als konstitutiven Faktor des Jüdischen verschwistert ist, aber gerade deshalb jeglicher politisch-modern begründeten Grundlage entbehrt. Die historischen Rechte, die in diesem Zusammenhang vom Zionismus stark gemacht werden, Rechte, die sich auf biblische Zeiten berufen, müssen dem modernen Nationalstaatsbegriff notwendig fremd bleiben. Sie müssten jedem jüdischen oder nichtjüdischen, politisch denkenden Menschen der Moderne von Grund auf suspekt sein. Warum soll sie das politische Oberhaupt des von Israel brutal unterdrückten palästinensischen Kollektivs als solche anerkennen?

Das meint Laor, wenn er davor warnt, »unsere Souveränität einer imaginierten globalen Entität auszuliefern, die am Anspruch aufs Land teilhaben wird, und deren Vertreter, ob der herrschenden Majorität, als eine Art unsichtbarer automatischer Verstärkung der Mehrheit, immunisiert sein werden«. Dem anverwandt ist Levys Erkenntnis, wonach »verbotene Wörter« den Diskurs paralysieren: »Hat man aus Versehen ›Apartheid‹ gesagt, ist die Wahrheit nicht mehr relevant. Aber keine politische Korrektheit und keine, wie immer salbadernde Wortwäscherei kann die Wirklichkeit verdecken. Und die Wirklichkeit ist ein Apartheid-Okkupationsregime.« Nicht minder gewichtig sind dabei der Einsatz der ideologisch geforderten Wörter »jüdischer Staat« bzw. »Staat der jüdischen Nation«.

Eine Realitätsverweigerung geht dabei mit der anderen einher. Und beide haben mit dem rigorosen Verbot zu tun, das politisch notwendig zu Artikulierende auszusprechen. So hat auch Kerrys Warnung, Israel bewege sich strukturell auf die Apartheid zu, erwartungsgemäß den Furor der politischen Klasse des Landes hervorgerufen. Auf Facebook echauffierte sich der israelische Verkehrsminister Israel Katz gegen den amerikanischen Außenminister: »Die Zeremonien des Shoah-Gedenktages. Die schrecklichen Darstellungen, wie die von Hass und Rassenlehre getriebenen Nazis und ihre Helfer Millionen wehrlose Juden in Asche verwandelt haben – und die Welt sah zu und schwieg. Und jetzt beschreibt der amerikanische Außenminister Israel als einen Apartheid-Staat. Uns? Den Judenstaat, der errichtet wurde, um sich zu wehren, und der mit Vernichtung bedroht wird? Schämen Sie sich, Kerry! Es gibt Worte, die man nicht sagen darf.«

Die gesamte Ideologie des zionistischen Israel in nuce: Mit keinem Wort geht Katz auf Kerrys Argument ein, geschweige denn, auf das, was von einem Gideon Levy vorgetragen wird. Stattdessen setzt der dem rechten Flügel der rechten Likud-Partei angehörende Politiker die ultimative Waffe der israelischen Politkultur ein – die Shoah. Als gäbe es die Realität des israelischen Okkupationsregimes nicht, und als führe seine bewusste

Perpetuierung nicht unweigerlich in ein israelisches Apartheid-Regime, wie es Kerry prognostiziert, verschanzt sich der Minister, der nicht wenig dazu beigetragen hat, dass dies die israelische Wirklichkeit de facto geworden ist (man drehe und wende es, wie man will), hinter dem ideologisierten Shoah-Andenken und ruft im Brustton der Entrüstung aus: »Uns?« Unfassbar ist ihm, dass man derlei von dem Staat behaupten kann, dessen (von ihm selbst mitgestaltete und mitgetragene) Politik und Ideologie ihn zu dem werden lässt, was er nun einmal ist: ein Staat auf dem besten Weg zur binationalen Apartheid-Struktur. Die von den Nazis ermordeten Juden verkommen im Munde des Ministers zum Argument; sie fungieren einzig als schlagendes Contra gegen die begründete Behauptung des amerikanischen Außenministers, womit denn die Shoah-Erinnerung auch in diesem Kontext aufs Perfideste instrumentalisiert wird: Um die Politik barbarischer Unterdrückung und fortwährender Menschenrechtsverletzung zu verteidigen, werden die Opfer der ultimativen Barbarei herangezogen, so als liege in ihrer Vernichtung das Vermächtnis, den Staat der Juden (wie er sich selbst sieht), historisch-politische Folge aus der jüdischen Katastrophe (wie er vom Minister apostrophiert wird), seinerseits zum Sachwalter barbarischer Gewalt, moralischer Regression und menschenverachtender Politik werden zu lassen.

Dass sich das zionistische Israel dagegen wehrt, als Apartheid-Staat wahrgenommen und eingestuft zu werden, indiziert die Kollision seines Selbstbildes bzw. Wertesystems, an welchem es staatsoffiziell (aber auch im Konsens der öffentlichen Sphäre) festhält, mit seiner eigenen Realität. Bei dieser Feststellung geht es nicht um erbärmliche Nomenklatura-Kämpfe, wie sie Katz und seinesgleichen vom Stapel lassen (schon längst haben sich viele in Israel daran gewöhnt, dass man sich einer zunehmend krasseren Selbstviktimierung verschreibt, je drastischer sich die Unterdrückungspraxis den Palästinensern gegenüber steigert);

vielmehr handelt es sich auch hier um den Widerspruch, dass man will, was man offenbar nicht zu verwirklichen vermag – weshalb denn der Zweifel aufkommen mag, ob man das vorgeblich Gewollte wirklich gewollt hat. Israel war in seiner historischen Grundausrichtung nicht von vornherein ein Apartheid-Staat. Nicht dem gilt es gleichwohl nachzugehen, sondern der Frage, ob das, was sich als seine reale Tendenz erweist, nicht bereits in seiner Grundausrichtung angelegt war, weil er diese proklamierte Grundausrichtung nie wirklich ernstgenommen hat, wenn es darauf ankam. Das kränkt zwar an der Oberfläche den kollektiven Narzissmus, aber die Kränkung lässt sich leicht wegstecken, wenn man sie erst einmal in eine Ideologie verwandelt, die das Schwadronieren über das, was man sein möchte, ohne es real je wirklich gewollt zu haben, zum Prinzip erhoben hat.

Israels Selbsteinmauerung

»My home is my castle«, sagt der Engländer und indiziert mit diesem volkstümlichen Diktum die Vielschichtigkeit des kulturgeschichtlich verfestigten Begriffs von Heim. Denn ob wörtlich als »Mein Haus ist meine Burg«, als das davon abgeleitete »Daheim bin ich König« oder als das vollends metaphorisierte »Trautes Heim, Glück allein« übersetzt, in all diesen sprachlichen Übertragungen hat sich die zivilisatorisch generierte Dialektik von Gewalt, Herrschaft, Sicherheit und Geborgenheit so tief sedimentiert, dass die Verschwisterung von scheinbar so Gegensätzlichem wie Geborgenheit und Gewalt für selbstverständlich erachtet wird. Dabei stellt sich das eigene Heim als herrschaftliche Festung dar, was primär damit zu tun hat, dass eine gefühlte Bedrohung der in der vorgeblich unantastbaren Privatsphäre garantierten Sicherheit stets mitschwingt, mit der Ahnung davon also, dass man selbst daheim nicht wirklich König ist – wobei freilich das Bestreben, König zu sein, an sich schon symptomatisch sein dürfte für die objektiv vorherrschende Ohnmacht des Individuums in der eigenen Lebenswelt. So verweist denn auch »Trautes Heim, Glück allein« auf die Sehnsucht nach Abwendung von einer Welt, die sich als wesentlich glücksbedrohend ausnimmt.

»It's a wild world«, heißt es im bekannten Pop-Song von Cat Stevens in den 1970er-Jahren, eine sloganhaft schlichte Verdichtung des Wissens um den herrschafts- und gewaltdurchwirkten Preis, mit welchem individuelle Sicherheit – im Übergang vom Naturzustand in den des Gesellschaftsvertrags – zivilisatorisch erkauft werden musste. Wenn jedoch mein Haus meine Burg ist, kann Sicherheit nur dann garantiert werden, wenn die Burg als Festung feindlichen Angriffen »von außen« standhält. Von welcher Burg ließe sich aber behaupten, dass sie geschichtliche Gewalt überdauert hätte und nicht, früher oder später, ruinösem

Verfall preisgegeben worden, mithin zum historischen Mahnmal hybrishafter Machtvollkommenheit mutiert wäre? Zu Ruinen gewordene Mauern bezeugen im Untergang dessen, was sich anmaßte, ewig zu bestehen, die Zeitlichkeit alles Bestehenden einer Zivilisation, die sich so repressiv gestaltete, dass der Mauerbau zu ihrem Paradigma werden musste. Wo sich der Mauerbau als ultimativer Herrschaftsanspruch zum Himmel türmte, machte Gott kurzen Prozess mit der Anmaßung. Die nach dem babylonischen Fundamental-Trauma in aller Herren Länder verstreuten Menschen bedurften stets längerer geschichtlicher Phasen, um sich der Vergeblichkeit ihrer Selbstsetzung als Herrschende, vor allem aber ihrer Verschanzung hinter Mauern inne zu werden.

Die Mauer weist – so besehen – einen dualen Charakter auf. Abgesehen von gleichsam »neutralen« Nutzfunktionen als Stütz-, Abfang- oder Staumauer dien(t)en Mauern zum einen immer als Wehr- und Schutz-Bauwerke – etwa als historische Stadt- bzw. Grenzmauern – zum anderen aber als Ausgrenzungs- und Absperrungsmaßnahmen – etwa als Gefängnismauern, als Sichtschutz vor unerwünschten Einblicken oder als Mittel der Verhinderung von Aus- und Einwanderung eigener oder fremder Bevölkerung. Dass sich die unterschiedlichen Funktionen decken, hat mit dem Kontext des Mauerbaus und seiner ideologischen Verwendung zu tun: Während er der einen Seite Schutz und Sicherheit gewähren mag, wirkt er sich auf die andere repressiv aus. Wer dabei der Repression ausgesetzt ist und wie legitim jeweils die Schutzmaßnahme erscheint, ist nicht immer festlegbar und zumeist kontext- bzw. gesinnungsgebunden. Während die Gefängnisfunktion (bei Ausschließung der Frage nach gesellschaftlichen Ursachen von Kriminalität) gemeinhin kaum je hinterfragt wird, letztlich auch nicht von Gefängnisinsassen, steht es mit Mauern zur Verhinderung von Bevölkerungsflucht und -einwanderung nicht so eindeutig. Vom Standpunkt der DDR – zumal im Kontext des damals wütenden Kalten Krieges – verfolgte die Errichtung der Berliner Mauer im Jahre 1961 eine (nachvollziehbare) zweckrationale Logik.

Wer sich in diesem Zusammenhang voreilig auf Menschenrechtspostulate berufen möchte, muss sich fragen lassen, wie es um die heutige staatlich gewährte Durchlässigkeit von immigrierenden Menschenmassen aus der hungernden Dritten und Vierten Welt in frei und demokratisch sich dünkende Länder der wohlhabenden ersten Welt bestellt sei. Warum dabei das Recht auf Bewegungsfreiheit höher gestellt wird als das auf die schiere physische Existenz, dürfte sich bei genauer Erörterung eher als eine Frage eingeübter Ideologie und verblendeter Selbstverständlichkeit, denn als emanzipativ ausgerichtete Moral erweisen. Von selbst versteht sich in diesem Zusammenhang, dass geschichtliche Distanz den emotionalen Bezug zum Mauerwerk aufweicht oder gänzlich verblassen lässt. Der römische Grenzwall oder die chinesische Mauer dürften heute keinen moralgeschwängerten Diskurs mehr erwecken. Die Klagemauer in der Altstadt Jerusalems stellt hingegen als bedeutendstes Heiligtum des Judentums seit jeher einen zentralen religiös-emotionalen Bezugspunkt für Juden dar, ein Umstand, der sich nach der Eroberung Ost-Jerusalems durch israelische Streitkräfte im Jahre 1967 zusätzlich politisch wie ideologisch aufgeladen hat. Wird aber die Klagemauer als religiös-heiliger Ort der Juden von allen am Nahostkonflikt beteiligten Seiten akzeptiert und respektiert, ist eine andere, im Verlauf und aus der Logik ebendieses Konflikts errichtete Mauer ganz anderen Deutungs- und Beurteilungskategorien sowie heterogener Wahrnehmung unterworfen.

***

Im Juni 2002 begann das israelische Verteidigungsministerium mit dem Bau einer Mauer entlang der so genannten »Nahtstelle« zwischen Israels Kernland und den besetzten Gebieten des

Westjordanlands. Diese Feststellung geht über die triviale Registrierung von Faktischem hinaus. Denn was es mit dieser Mauer auf sich hatte (und noch immer hat), hing ganz davon ab, welche Funktion man ihr zuschreiben mochte. Sollte sie »Sicherheit« gewähren? Sollte sie eine »Trennung« von den Palästinensern bewirken? Gar eine »Loslösung« indizieren? Allein schon der Begriff »Mauer« wäre in Israel anfechtbar gewesen. Denn während in den folgenden Jahren de facto ein teilweise meterhohes, aus schwersten Betonblöcken zusammengesetztes, kilometerlanges Hindernis entstand, wurde euphemistisch von »Zaun« (*gader*) geredet.

Nicht von ungefähr meinte die israelische Journalistin Lilli Galili zu Beginn des Mauerbaus: »Monate, nachdem der Begriff der ›Trennung‹ den israelischen politischen Diskurs zu dominieren begonnen hat, besetzt ihn jeder Politiker und jede politische Richtung mit je eigenem Inhalt. Jene, die von ›Zaun‹ reden, unterscheiden sich von denen, die einer ›Trennung‹ das Wort reden, einer Position, die auch die Räumung von Siedlungen als notwendigen Bestandteil der Zaunerrichtung vorsieht«. Aber selbst noch die Konzeption des »Zaunes« weise unterschiedliche (Be)Deutungen auf: Während der damalige israelische Verteidigungsminister Benjamin Ben-Eliezer lediglich von einem militärisch notwendigen »Sicherheitszaun« sprach, mithin sich außenpolitisch bedeckt hielt, wähnte der Rat der Siedler in der Westbank einen »staatspolitischen Zaun«, dem er sich aufs Ausdrücklichste widersetzte, weil er ihn als die unzulässige potenzielle Grenzmarkierung zwischen Israel und einem künftigen Palästina deutete. Den Begriff des »parteipolitischen Zauns« prägte der ehemalige Arbeitspartei- und spätere *Meretz*-Partei-Minister Yossi Beilin. Er hielt die Mauer für eine skandalöse Geldverschleuderung, die keinen anderen Zweck verfolge, als innerparteiliches Kapital herauszuschlagen, womit er seinen damaligen Parteikollegen Haim Ramon meinte, der sich mit dem »Trennungsplan« profiliert hatte, und dem es nun die parteipolitische

Vorherrschaft streitig zu machen galt. Yossi Sarid, damaliger Oppositionsführer an der Spitze der *Meretz*-Partei, sprach gar sarkastisch von einem »Ben-Eliezer-gegen-Ramon-Zaun«. Beilin, zentrale Figur im Oslo-Prozess der 1990er-Jahre, hielt seinerseits nur »den« Zaun, der entlang der Grenze von 1967 verliefe, für friedenspolitisch wünschenswert – eine Einstellung, die ihrerseits mit der Position der palästinensischen Autonomiebehörde korrespondierte.

Für die Palästinenser wiederum stellte die Errichtung der Mauer eine faktische Annullierung sämtlicher mit den Israelis getroffenen Abkommen dar, einschließlich des Oslo-Vertrags. Dem damaligen palästinensischen Minister Saeb Erekat zufolge versuchte Israel durch die Errichtung des »Zaunes« jene sich über 42 Prozent des palästinensischen Bodens erstreckende »Zwischenlösung«, von der Ariel Sharon bei seiner Amtsübernahme gesprochen hatte, zu oktroyieren. Die geplante Mauer werde vor allem zur Abschnürung ganzer palästinensischer Dörfer führen, wobei außerdem landwirtschaftlich genutztes Land der Palästinenser beschlagnahmt worden sei, um den Plan der Mauererrichtung zu ermöglichen. Von »Apartheid-Politik« sprach denn PLO-Chef Jassir Arafat. Dieser Mauer-Diskurs nahm sich von Anbeginn paradigmatisch aus, denn zum einen zeichnete er sich in der Tat durch eine Heterogenität der Positionen gegenüber dem politisch bestimmten Sicherheitsproblem aus, für welches man im Bau der Steinbarriere eine Lösung gefunden zu haben meinte. Zum anderen fällt aber auf, wie sehr die Vorstellung der Errichtung einer Mauer zwischen dem alten israelischen Kernland und dem, wovon man sich abzuschotten trachtete – ohne dabei freilich den Okkupationszustand aufheben zu wollen – diesen Diskurs dominierte, mithin für selbstverständlich erachtet wurde. Natürlich war auch eine strikte Ablehnung dieser archaisch anmutenden Separationsmaßnahme vor allem durch Erklärungen diverser außerparlamentarischer Oppositionsgruppen –

Gush Shalom z. B. polemisierte gegen den »bösen Zaun« –, aber eben auch seitens der parlamentarischen *Meretz*-Partei zu vernehmen. Es scheint indes, als manifestierte sich in den Stimmen dieser eher ohnmächtigen Minderheit gerade die Vorherrschaft des Mauer-Diskurses mit umso größerer Eindringlichkeit. Wie ist dieser latente öffentliche Konsens, welcher, bei aller politischen Heterogenität letztlich die tiefe Matrix des israelischen Selbstbildes im Konflikt mit den Palästinensern durchscheinen lässt, zu erklären? Wie hat man die seit Jahren währende Stagnation im sogenannten »Friedensprozess« zu verstehen, wenn auf israelischer Seite doch auch eine gewisse Vielstimmigkeit, wie sie sich im Mauer- bzw. Zaun-Diskurs niedergeschlagen hat, zu verzeichnen ist? Es würde den Rahmen dieses Kapitels sprengen, die weit zurückreichenden historischen Gründe für die Herausbildung und Verfestigung der Sicherheitsmentalität Israels, welche sich aus geschichtlichen Traumata, nicht minder aber auch aus fetischisiert-ideologisierten militärischen wie politischen Modi ihrer Bewältigung speisen, nachzuspüren. Eine jahrhundertealte Verfolgungsgeschichte mit der Shoah als ihrem Kulminationspunkt spielt mit hinein, nicht minder aber auch die übersteigerte Reaktion auf diese Geschichtstraumata im Verlauf der Etablierung des israelischen Nationalstaats sowie der Konsolidierung seiner Gesellschaft, eine idiosynkratische Reaktion, die einen verhängnisvollen, vor selbstgewisser Arroganz der Stärke strotzenden Militarismus bei gleichzeitig zelebrierter Kollektivparanoia und larmoyanter Selbstviktimierung gezeitigt hat. Viele Geschichtsetappen des politischen Zionismus müssten dabei durchleuchtet werden, nicht zuletzt auch Strukturen und Muster dessen, was sich in den zwanzig Jahren nach Ausbruch der ersten *Intifada* im Jahre 1987-88 zwischen Israelis und Palästinensern ereignet hat.

Stattdessen sei die gewaltdurchwirkte Entwicklung des israelisch-palästinensischen Konflikts als im gegenwärtig herrschenden

Zustand verdichtete Aufhebung anvisiert und wie bereits dargelegt auf den Punkt gebracht. Israel (bzw. sein jüdischer Bevölkerungsanteil, mithin der Zionismus) ist an einem historischen Scheideweg angelangt, der es vor ein Dilemma stellt, das sich wie die Forderung einer Entscheidung zwischen Skylla und Charybdis ausnimmt: Israel kann zum einen beschließen, im Rahmen einer finalen Friedensregelung die besetzten Gebiete zu räumen und das von ihm über Jahrzehnte errichtete Siedlungswerk abzubauen. Man darf davon ausgehen, dass der allergrößte Teil der Siedler sich dem von der Regierung verordneten Räumungsbeschluss fügen würde. Es reichte gleichwohl hin, wenn sich eine Minderheit von einigen hunderten, vermutlich aber tausenden Hardlinern der Räumung konsequent widersetzte, um den Staat in die für ihn prekäre Situation zu versetzen, sein Gewaltmonopol gegenüber den sich empörenden Siedlern mit Gewalt durchsetzen zu müssen. Käme es bei dieser Aktion zu blutigen Auseinandersetzungen, bei denen »Juden auf Juden« schießen (eine für viele Israelis unerträgliche, nachgerade endzeitliche Vorstellung), wären bürgerkriegsähnliche Zustände, gar die Eskalation eines manifesten Bürgerkriegs, nicht auszuschließen.

Israel kann zum anderen beschließen, die besetzten Gebiete unter keinen Umständen räumen zu wollen – sei es, weil eine Siedlungsinfrastruktur angelegt worden ist, die einen letztlich irreversiblen Zustand geschaffen habe, wie vom kritischen Beobachter Meron Benvenisti seit langem behauptet – sei es, weil der Anspruch auf die Gebiete unter militärisch-sicherheitspolitischen oder auch religiös-theologischen Aspekten erhoben – im letzten Fall gar als unumstößliches Postulat – wird. Diese von einem politischen Linken diagnostizierte bzw. von rechts geforderte Beibehaltung des Okkupations-Zustandes impliziert letztlich gerade durch die auf Dauer gestellte Präsenz von Israelis im besetzten Westjordanland die »objektive« Schaffung einer binationalen Struktur. Sie kann von den Palästinensern als solche abgewiesen werden, wodurch der gewaltgetränkte Dauerkonflikt zur Norm der Koexistenz erhoben würde (samt der damit einhergehenden Gefahr für die israelische Zivilgesellschaft). Sie kann von den Palästinensern, die mittelfristig auf eine absehbare Veränderung des demographischen Mehrheitsverhältnisses zu ihren Gunsten setzen, aber auch angenommen werden, gar unter Bereitschaft, die israelische Staatsbürgerschaft anzunehmen.

Schließt man die Variante eines massiven, von Israel initiierten Bevölkerungstransfers der Palästinenser aus – ein Horrorszenario, dessen Dynamik auf einen regionalen Krieg mit unabsehbaren Folgen für alle beteiligten Parteien hinauslaufen könnte – bedeuten die beiden hier aufgezeigten polaren Handlungsmöglichkeiten Israels in letzter Konsequenz entweder die innere oder eine »von außen« bewirkte Auflösung des zionistischen Projekts. Es ist fraglich, ob allzu viele Israelis dies deutlich vor Augen haben, wie es denn fraglich ist, ob sich der größte Teil der israelischen Bevölkerung jemals Rechenschaft darüber abgelegt hat, welchen Preis er für einen wahren Frieden mit der arabischen Welt zu zahlen bereit ist. Ohne sich jedoch über diese geschichtliche Wende- und Entscheidungssituation klar geworden zu sein, verharrt man allenthalben in der Lähmung einer eher vorbewussten Ahnung – unfähig zur politisch mündigen Tat, psychisch dafür umso bereiter, sich den verlogen-leeren Versprechungen eines »starken Mannes« hinzugeben.

Es ist nun dieser Gesichtspunkt, unter dem sich die Mauer-Errichtung paradigmatisch ausnimmt. Denn sie verheißt nicht nur »Sicherheit«, ohne ernsthaft meinen zu dürfen, dass man mit ihr den palästinensischen Widerstand niederschlagen und den in ihm wurzelnden Terror bekämpfen, mithin wirkliche Sicherheit erlangen könne, sondern sie ermöglicht darüber hinaus die Aufrechterhaltung der Illusion, die Palästinenser losgeworden zu sein, ohne jedoch die Besetzung ihrer Gebiete aufgehoben zu haben. Mit »To eat the cake and have it« pflegt der Amerikaner diese mentale Disposition zu apostrophieren, bei der sich Größenwahn und manifeste Entscheidungsunfähigkeit vermengen. Mögen Gesinnungen und Einstellungen gegenüber dem Bauwerk noch so variieren, sie können nicht darüber hinwegtäuschen, dass die allermeisten jüdischen Israelis die »Trennung« von den Palästinensern »real« herbeisehnen. Es handelt sich dabei freilich um eine infantil anmutende Wunschvorstellung, bei der die geforderte Verantwortung für die mögliche Lösung des blutigen, tragischen Konflikts, mithin die praktische Schaffung von Strukturen künftiger Koexistenz an einen hoffnungsarmen Fatalismus (»Die Welt ist gegen uns«, »Man wird das Schwert in aller Ewigkeit tragen müssen«) oder eben an die materielle Verdinglichung vermeintlicher Hoffnung in der Form einer Mauer delegiert wird.

Die Journalistin Lilli Galili schrieb im Jahre 2002: »Die *Peace-Now*-Bewegung hat sich vorläufig auf keine Position festgelegt. Ein Teil ihrer Mitglieder deutet die Errichtung des Zauns in der Nähe der *Grünen Linie* als einen Akt, der die 1967er-Grenze de facto markiert, dabei aber auch zur Sicherheit beiträgt; andere deuten die unilaterale Trennung als fortgesetzte Ignorierung des palästinensischen Partners und seiner Bedürfnisse. Und dennoch begreifen viele im [israelischen] Friedenslager die Errichtung des Zaunes als Erfolg im Kampf um das Bewusstsein der Grenzen von 1967 – genau jenen Erfolg, vor dem man sich in der nationalreligiösen Partei und beim Siedlerrat der Westbank fürchtet«. Man mag dieser Beschreibung noch im Nachhinein weitgehend zustimmen. Bezeichnend war aber vor allem die von Lilli Galili nebenbei thematisierte Entschlusslosigkeit der (damals noch) mächtigsten unter den israelischen Friedensbewegungen: Zwar befleißigte man sich eines heterogenen Politdiskurses über die Mauer, aber ihre physische Errichtung wurde als Realität hingenommen, ohne dass sie die (schon seit langem nur noch überwinternde, im Grunde aber schon vollends eingeschlafene) außerparlamentarische Opposition zu einer wirkmächtigen politischen Aktion anzutreiben vermocht hätte. Immerhin trage der Mauerbau »zur Sicherheit« bei, hieß es. Einen servileren Widerstand hätten sich die in repressiver Absicht handelnden politischen Initiatoren der Mauer kaum wünschen können.

* * *

Es sei dahingestellt, ob sich die politische Praxis Israels an jüdischen Mythen und den mit ihnen verbunden Wertvorstellungen orientiert. Das Vertrackte an Mythen ist, dass sich ihr Fiktives zum einen als Realität ausgibt bzw. im Realen auswirkt, sie aber zum anderen tatsächlich einen realen Wahrheitskern in ihrem fiktionalen Irrealen bergen. Wie große Kunst vermögen sie dabei durch ihre Narrative, nicht minder aber auch durch die zum Mythos geronnenen ideologischen Inhalte geschichtlicher Realitäten Einsichten in die *conditio humana* und kollektive Wirklichkeiten zu vermitteln. Exemplarisch seien hier nun drei Mauer-Mythen des Judentums und der zionistischen Geschichtschronik dekodiert. Sie dürften ein zusätzliches Licht auf die oben erörterte aktuelle Mauer-Ideologie Israels werfen.

Die im Buch Josua beschriebene Eroberung der Stadt Jericho gilt als herausragendstes Ereignis biblischer Mauer-Mythen des jüdischen Glaubens. Die von Jebusitern bewohnte, hoch befestigte Stadt bildete das erste Hindernis, welches die ins westliche Jordanland eingedrungenen Israeliten im Zuge der Landnahme Kanaans zu bewältigen hatten. Die Bibel erzählt, Gott habe Josua, Führer der Israeliten, die Stadt »gegeben«. Die Eroberung der Stadt wurde allerdings an die strikte Befolgung genauer Anweisungen geknüpft: Sechs Tage lang sollte das Volk Israel einmal täglich die Stadtmauern umkreisen; am siebten Tag sollte die Stadt siebenmal umrundet werden, sieben Priester sollten daraufhin ihre Trompeten (*Schofaren*) zum Ertönen bringen, und das ganze Volk beim Klang der Trompeten in großes Jubelgeschrei ausbrechen – worauf dann die Stadtmauern augenblicklich einstürzen würden. Josua fügte der göttlichen Anweisung hinzu, dass man sich auf keinen Fall an der Beute der eroberten Stadt bereichern dürfe; alles Erbeutete gehöre Gott und sei einzig dem Haus Gottes geweiht.

Aus der biblischen Darstellung geht hervor, dass sich die Einnahme Jerichos im Zeichen eines sich dem menschlichen Erklärungsvermögen entziehenden Wunders vollzogen hat. Das mythische Narrativ hebt diesen Grundumstand deutlich hervor: Durch die Befolgung der Anweisungen Gottes wird ein mächtiges Mauerwerk ohne physischen Kraftaufwand und militärische Verwicklung zum Einsturz gebracht. Zur Deutung frei gibt der Mythos dabei nicht »dass«, sondern allenfalls »warum« sich der Eroberungsakt so zugetragen hat. Eine gängige Interpretation besagt, dass mit der Niederwerfung Jerichos, der ersten Eroberungshandlung der Israeliten, das »Schloss« zum gottverheißenen Land Israel (*Eretz Israel*) aufgebrochen worden sei; und dass dies im Zeichen eines Mirakels geschah, indiziere nicht nur beredt, dass es sich um eine gottgewollte, mithin heilige Begebenheit handle, sondern auch, dass die gesamte weiterfolgende Eroberung Kanaans einem Plan Gottes, also göttlichem Willen folge, ja, dass die Expansion durch Gottes Hand geleitet werde. Dies sei auch der Grund, warum Josua dem Volke Israel anbefiehlt, sich der sonst als Lohn für erbrachte Kriegsmühe gebräuchlichen Bereicherung am Eroberten zu enthalten und das Erbeutete einzig dem göttlichen Tempel zu weihen.

Eroberung und Besetzung eines fremden Gebiets ist somit mythisch mit göttlichem Willen und Plan legitimiert. Die Mauer – irdisches Hindernis, das dem göttlichen Vorhaben entgegensteht – wird entsprechend mit den Mitteln übermenschlichen Wunderwirkens beseitigt. Die Eliminierung der Mauer dient dabei einem Akt repressiver Unterwerfung, wird aber zugleich in den Bereich des Unhinterfragbaren delegiert, indem sie sich als Attribut allmächtiger Vorsehung ausdeutet. Der Mythos spricht da eine deutliche Sprache. Der religiöse Jude (wie denn religiös-gläubige Menschen überall) sieht sich nicht gefordert, der Aussage des Mythos kritisch zu begegnen: Gottes Gebot (so unerfindlich im Übrigen seine Wege sein mögen) und irdische Handlungsmoral sind ihm deckungsgleich. Und wenn er schon persönliches Unglück mit Gotteswillen zu versöhnen weiß, trifft das für kollektive Abläufe, gar geschichtsträchtige Ereignisse und Prozesse allemal zu. Prekär wird es erst dann, wenn die Matrix solch gläubiger Rigorosität, die Doktrin religiöser Transzendenz, sich als Ideologie einer im Anspruch säkularen politischen Handlungspraxis erweist. Als israelische Streitkräfte im 1967er-Krieg Gebiete Ägyptens, Jordaniens und Syriens eroberten, galt dies dem israelischen politischen Diskurs als ausgesprochener wehrhafter Akt, die besetzten Territorien mithin als politisches Faustpfand für zukünftige Friedensverhandlungen mit den bekriegten Nachbarn. So sehr man sich dabei der »biblischen« Dimension des Einmarsches ins Westjordanland bewusst war (und im Fall Jerusalems auch sehr bald auf »Vereinigung« der Stadt unter israelischer Oberherrschaft insistierte), hätte sich zunächst niemand in Israel einfallen lassen, den ansetzenden Okkupationsaufenthalt in diesen Gebieten religiös zu begründen. Als aber knappe sieben Jahre später die *Gush-Emunim*-Bewegung ihr bald schon mit großer Verve betriebenes Siedlungswerk in den besetzten Gebieten, allen voran im Westjordanland, in Gang setzte, galt ihr die aktionistische Emphase als »Rückkehr in das Land der Urväter«, ein Fanal, das sich auf quasi-theologische Begründungen des rabbinischen Establishments berufen konnte. Ein messianisch beseelter, religiöser Faktor war in die pragmatisch ausgerichtete zionistische Realpolitik eingegangen, um sich in dieser einzunisten und sie bis zum heutigen Tage nicht mehr zu verlassen. Ganz im Gegenteil glich sich die mit militärischen Sicherheits-Rationalisierungen verbandelte Großisrael-Ideologie der israelischen Rechten diesem zunächst illegalen Expansionsimpuls an, um es nach und nach in die israelische Parteienlandschaft und staatsoffizielle Politik vollends zu integrieren.

Bezeichnend ist im biblischen Jericho-Mythos, dass das Einstürzen der Mauern nur insofern als Befreiungsakt begriffen wird, als es sich in den Gesamtplan der Führung des jüdischen Volkes »von der Knechtschaft zur Freiheit« (ein hoch gepriesenes Motiv in der *Hagada* des Passah-Festes) einfügt. Phänomenologisch betrachtet handelt es sich beim Mauersturz um das *pars pro toto* eines aggressiven Eroberungsaktes, der sich nur den Umstand, er sei gottgewollt, zugutehalten kann. Den Bewohnern Jerichos bedeutete er einzig ihre kollektive Katastrophe. Will man also den Jericho-Mythos als Moment in einem transhistorisch tradierten »jüdischen« Befreiungsethos begreifen, so ist in diesem durchaus die dialektische Verschwisterung von Freiheit und Gewalt, mithin das Relative von partikularistisch begründeter Emanzipation angelegt. Im Jericho-Mythos treten dabei die Israeliten als starke Seite des Konflikts auf. In der viele Jahrhunderte währenden jüdischen Exilgeschichte sollte sich das Machtverhältnis zwischen Juden und nichtjüdischer Umwelt fundamental verändern. Die Juden traten in ihr fast durchwegs als schwache, in ihrer materiellen Existenz von Nichtjuden abhängige Minorität auf, die von der hegemonialen Macht ihrer jeweiligen Residenzgesellschaft – oft verachtet und gehasst – ausgegrenzt wurde, dabei aber auch von sich aus auf ihre religiös begründete Selbsteinkapselung insistierte. Die schon in vormodernen Zeiten teils horrende jüdische Verfolgungsgeschichte ist übersät von Gewaltübergriffen auf kleine jüdische Gemeinschaften bei gleichzeitiger Fortsetzung und Reproduktion der jüdischen Lebenswelten, die sich als religiösorthodoxe jegliche Vermischung mit Nichtjuden strikt verbaten.

Als paradigmatisch darf in diesem Zusammenhang die in der Frühen Neuzeit nach und nach etablierte Ghetto-Form jüdischer

Lebenswelten gelten. Das erste Ghetto wurde 1516 in Venedig errichtet, als die Stadtobrigkeit der dort ansässigen jüdischen Gemeinde ein von Mauern und Wassergräben umgrenztes Gebiet zuwies, in welchem sie sich nach eigenen religiös-ethnischen Maßregeln einrichten sollte. Es entstand das sogenannte *ghetto nuovo*, womit auch der später gängige Name für jüdische Viertel in ganz Europa vorgegeben war. Das Ghettoareal war zumeist so klein und begrenzt, dass mit steigendem Bevölkerungszuwachs Raumnot und Enge entstehen musste, die Bevölkerung mithin degenerierte, oft genug begleitet von in Epidemien ausartenden, hygienischen Bedingungen. Da aber die Ghettogemeinden religiöse, kulturelle und gesellschaftliche Autonomie genossen, hatten sie letztlich auch ihren Anteil an der Wahrung traditioneller jüdischer Identität und der Verhinderung gänzlicher Assimilation und Selbstauflösung des europäischen Judentums. Mit der sich auch auf die jüdischen Gemeinden Europas als *Haskala* auswirkende abendländischen Aufklärung und der am Ende des 18. Jahrhunderts ansetzenden Emanzipation wurden jedoch die traditionellen Ghettos in den europäischen Städten nach und nach aufgelöst. Als letzte fielen im Jahre 1888 (nach einem 1870 gefassten Beschluss) die Ghettomauern Roms.

In der Ende des 19. Jahrhunderts sich herausbildenden zionistischen Ideologie erhielt der Ghetto-Begriff eine allgemeinere, eher abstrakte Bedeutung: »Ghetto« galt ihr als Symbol der schmählichen, rigoros zu negierenden Diaspora-Idee, mithin der von der nichtjüdischen Umwelt aufgezwungenen Aus-, aber durchaus auch der von den Juden selbst gewählten Abgrenzung anderen Völkern gegenüber. Das muss im hier erörterten Zusammenhang hervorgehoben werden. Denn nicht nur sah sich die Bewegung des politischen Zionismus selbst als eine der herausragenden Hervorbringungen der europäischen Aufklärung, sondern sie erachtete auch das schiere Niederreißen der materiellen, wie geistigen Mauern, in denen das diasporische Judentum eingezwängt war (und nach ihrem Dafürhalten degenerierte), für einen großen Befreiungsakt. Als (sich selbst so apostrophierende) Emanzipationsbewegung des jüdischen Volkes huldigte der Zionismus in seinen Anfängen also dem Einsturz von Mauern und der Öffnung gegenüber dem Nichtjüdischen – bei gleichzeitiger Selbstbestimmung des zionistisch gesonnenen Jüdischen im Rahmen eines nationalen Staatsgebildes.

Eine Quadratur des Kreises also? Im Nachhinein vermutlich schon, nicht aber im Ursprungsimpuls des historischen Zionismus. Zwar war dieser von Anbeginn vom Ideologem beseelt, als »Volk ohne Land« den Anspruch auf »ein Land ohne Volk« erheben zu dürfen, aber es wirkten immerhin auch Strömungen in ihm, die sich des Problems der Kolonisierung eines mitnichten menschenleeren Territoriums sehr wohl bewusst waren. So sehr sich freilich eine Gruppe wie *Brit Schalom* um Ausgleich und friedliche Koexistenz mit der arabischen Bevölkerung des Landes bemühte, bildete sie letztlich eine wirkungsarme (wenn auch geistig hochkarätige) Minorität in der Gesamtbewegung des politischen Zionismus samt seiner aktionistischen Landnahme-Ideologie. Die historische Konstellation des abstrakten Anspruchs auf ein Territorium, in dessen Besitz man nicht war, bei gleichzeitiger expansiver Besiedlung eben dieses Territoriums sollte bald genug zeigen, dass sich ein zäher, gewaltdurchwirkter Konflikt anbahnte, in dem Nachbarschaft zu Feindschaft, Koexistenz zu hasserfüllter Dauerspannung gerieten, wobei das Niederreißen von Mauern oder eben deren Errichtung Ressentiment geschwängerten Interessen und ideologisch repressiver Politik unterworfen wurden.

* * *

Unter der Bezeichnung »Mauer und Turm« (*choma u'migdal*) ging eine mythisch-heroisch umwehte Praxis des jüdischen Gemeinwesens im prästaatlichen Israel (*Jischuw*) in die Chronik des Zionismus ein. Als Reaktion auf Gewaltausschreitungen der arabischen Bevölkerung gegen die in Palästina angesiedelten Juden zwischen 1936 und 1939 wurde die Errichtung einer Kette von befestigten landwirtschaftlichen Siedlungen ins Leben gerufen. Die Operation vollzog sich erklärtermaßen in expansionistischer Absicht; man war darauf aus, »Fakten im Gelände« (*uwdot ba'schetach*) festzumachen, um die bestehenden Grenzen der jüdischen Besiedlung, mithin das Territorium des künftig zu errichtenden israelischen Staates auszuweiten. Die von der paramilitärischen *Hagana*-Organisation gestartete Initiative wurde bald von zentralen Institutionen des *Jischuws* abgesegnet. Die Errichtung der Siedlungen verlief rasant, nicht selten über Nacht, wobei ein Wachturm und eine ihn umrandende Mauer (bzw. ein Zaun) das Zentrum der Infrastruktur für die künftig auszubauende Siedlung bildeten. Das anfangs noch legale, also von der britischen Mandatsobrigkeit genehmigte Siedlungswerk setzte sich noch fort, als die Briten ab 1939 die gesetzliche Zulassung weiterer Siedlungen zu verweigern begannen. Die Bedeutung des dabei entstandenen, getrennte Gebiete miteinander verbindenden Siedlungsnetzes für die Politik des *Jischuws* kann nicht hoch genug eingeschätzt werden. Denn nicht nur wurden mit ihm akute Sicherheitsbelange angegangen, sondern das Siedlungsnetz als Ganzes spielte darüber hinaus eine tragende Rolle bei der nachmaligen Bestimmung der Staatsgrenzen im Teilungsplan von 1947.

Die Logik der Mauererrichtung als Schutz im Dienste expansiver Praxis, mithin die Verschwisterung von Gewaltverhinderung als funktionales Mittel der Praktizierung von Eroberungsgewalt, hat sich als Matrix der israelischen politischen Kultur über die Staatsgründung hinaus erhalten. Ganz im Geiste des prästaatlich etablierten Ethos der »Fakten im Gelände« hat Ariel Sharon über Jahrzehnte das gewaltige Siedlungswerk in den von Israel seit 1967 okkupierten Gebieten errichtet, wobei die selbstauferlegte Einmauerung der Siedler im Zuge der territorialen Expansion letztlich in die Logik der Mauererrichtung von 2002 mündete: Man gibt noch immer die Unabdingbarkeit der Schutzvorrichtung vor, deren Notwendigkeit sich aus selbsterzeugter Gefahr und Bedrohung speist. Eklatanter lässt sich die Ideologie des territorialen Anspruchs als bauwerkliche Manifestation nicht denken – die Mauer als physisch gewordenes falsches Bewusstsein.

Dass sich solch ideologische Selbstgerechtigkeit sentimentaler Larmoyanz zu bedienen weiß, ist im vielleicht berühmtesten israelischen Song aufs Suggestivste bezeugt. Im Mai 1967, kurz vor Ausbruch des Junikrieges, wurde das Lied *Jeruschalajim schel Sahav* (*Jerusalem, Stadt aus Gold*) der israelischen Lyrikerin und Komponistin Naomi Shemer im Rahmen des alljährlichen Israeli-Song-Festivals uraufgeführt. Das Lied erfreute sich sogleich großer Popularität. Jahre später tauchte die Idee auf, es als israelische Nationalhymne anstatt der *Hatikwa* einzusetzen. Auf den Gesinnungstenor des Songs wird man in den ersten beiden Strophen eingestimmt: Von weinklarer Bergluft und Tannenduft, die beim Erklingen von Glocken im Abendwind getragen werden, ist da die Rede; davon, dass im Schlummer von Baum und Stein, traumversunken, die einsame Stadt liege, in deren Herzen eine »Mauer« errichtet worden sei. Jerusalem, die Stadt aus Gold, aus Kupfer und Licht, wird da besungen. Und wie wehmütig ist es dabei der dichtenden Musikerin ums Herz: Die Brunnen der Stadt seien ausgetrocknet, leer der Marktplatz, und niemand gehe zum Tempelberg in der Altstadt. In den Felshöhlen pfeifen die Winde, kein Mensch wandere auf dem Jericho-Weg hinab zum Toten Meer. Wie ein Harzkuss brenne der Name der Stadt auf den Lippen, klagt das Lied, welches auch gelobt, die Stadt nie zu vergessen. Das Pathos einer von biblischer Ehrwürdigkeit durchwehten Tristesse beseelt den Text, der nicht von ungefähr das Sentiment einer archaisch euphorisierten Beschwörungsemphase beim angstgepeinigten israelischen Publikum im Vorfeld des sich anbahnenden Krieges zu erwecken vermochte. Dann kam der Krieg, der in der Eroberung der Altstadt Jerusalems einen seiner emotionalsten Kulminationspunkte im sensationellen Sieg der israelischen Armee erfuhr. Kein Grund mehr zu larmoyanter Weinerlichkeit – ekstatischer Triumphalismus war plötzlich angesagt, und so fügte Naomi Shemer dem ursprünglichen Liedtext im Nachhinein zwei weitere Strophen hinzu: Zu den Brunnen sei man zurückgekehrt, zum Marktplatz, ein Schofar erklinge nunmehr auf dem Tempelberg in der Altstadt; tausend Sonnen schienen jetzt in den Felshöhlen, man könne wieder auf dem Jericho-Weg zum Toten Meer hinabsteigen. Nicht zufällig ist von der Mauer in diesen Schlussstrophen keine Rede mehr – die besungene Stadt ist nicht mehr zweigeteilt, sondern unter israelischer Oberhoheit »vereint«.

Es sollten nicht viele Jahre vergehen, bis sich herausstellte, dass die Stadt mitnichten wiedervereint ist, dass ihr Ostteil letztlich besetzt ist, munizipal diskriminiert und gewaltdurchwirkt, dass die wenigsten Israelis sich dorthin trauen, wenn sie es nicht aus Zweckgründen müssen: Es kann für Juden zuweilen in diesem Teil des von Naomi Shemer so sehnsuchtsvoll besungenen *Jerusalem aus Gold* ganz schön gefährlich werden. Die Mauer ist noch lange nicht niedergerissen worden. Aber schon im Song von Mai 1967 feierte die ideologische Verlogenheit fröhliche Urständ'. Denn nicht nur waren die Marktplätze des arabischen Teils Jerusalems vor Juni 1967 ganz und gar nicht leer, lediglich leer von Juden, sondern die melancholische Trauer über die Mauer »im Herzen der Stadt« verstand sich in erster Linie als Ausdruck einer aggressiven Ungehaltenheit darüber, dass der Zugang zum nostalgisch verklärten Stadtteil israelischen Juden verwehrt war. Die im Osten Jerusalems angeblich vorherrschende Verlassenheit, die wehmütig beklagte Trostlosigkeit war, so besehen, sentimental-manipulative Ideologie, in der bereits das Moment der »Befreiung« durch Eroberung angelegt war – durchaus vergleichbar mit dem alten Ideologiemuster des klassischen Zionismus, demzufolge ein »Volk ohne Land« ein »Land ohne Volk« zu besiedeln hatte. Eine Ideologie war es (und ist es letztendlich geblieben), welche das Emanzipative des Einsturzes von Mauern mythisch wie historisch zu feiern wusste, um zugleich selbst Mauern zu errichten, als die eigene Emanzipation zur Unterdrückung anderer geriet und die Unterdrückten sich gegen ihre Repression empörten, womit sich denn Mauern als Stein gewordene Chimären des Schutzes vor selbst verschuldeter Bedrohung und erbärmliche Illusionen vorgegaukelter Sicherheit im permanenten Ausnahmezustand erwiesen. Bedrückend der Gedanke, dass das Ende der »Mauer« als Paradigma des kollektiven Selbstverständnisses in der gegenwärtigen historischen Phase noch unabsehbar bleibt.

Israel – binationaler Staat?

In der Einleitung zum Artikel »Ein Staat, zwei Völker« des jüngst verstorbenen Publizisten Werner Pirker (dessen Andenken hier nochmals in hohen Ehren gehalten sei) ist von einer gewissen Diskutanten über die Lösungsoptionen des israelisch-palästinensischen Konflikts gemeinsamen Einsicht die Rede, der zufolge »die Möglichkeit einer Zweistaatenlösung, sofern sie überhaupt erstrebenswert ist, von den zionistischen Eliten vertan wurde und man deshalb auf die einfachere, selbstverständlichere, nachhaltigere, vor allem aber gerechtere unter den beiden Lösungen orientieren sollte. Auf die Schaffung *eines* demokratischen Staates für alle Bürger auf dem Boden des historischen Palästina«. In der Tat ist dieses im öffentlichen israelischen Diskurs über Jahrzehnte, wenn nicht tabuisierte, so doch zumindest stets abgeschmetterte Thema in den vergangenen Jahren »salonfähiger« geworden. Der ehemalige Knesset-Abgeordnete Azmi Bishara prägte bereits in den 1990er-Jahren, im Zuge des euphorisch zelebrierten Oslo-Friedensprozesses, das Wort von Israel als »Staat all seiner Bürger«. Die Losung machte damals Furore, weil sie mutatis mutandis auf die Idee des binationalen Staates hinauslief; aber spätestens mit dem Zusammenbruch jenes Prozesses und dem Ausbruch der zweiten palästinensischen Intifada wurde sie wieder von der Bühne der öffentlichen Politdebatte Israels hinweggefegt. In letzter Zeit haben sich alt-neue, diesmal jüdische Befürworter der binationalen Lösung zu Wort gemeldet. So hat Meron Benvenisti, intimer Kenner israelischer Okkupationsstrukturen und -praktiken, der bereits vor vielen Jahren die Irreversibilität des jüdischen Siedlungswerks im Westjordanland angemahnt hatte, in einem in der hebräischen Zeitschrift *Mitaam* im Dezember 2009 publizierten Artikel der (als Konsequenz aus seiner alten Einsicht gezogenen) binationalen Lösung des Konflikts das Wort geredet. Und im Jahr 2010 hat der in Tel-Aviv lehrende Soziologe Yehuda Shenhav ein Buch auf Hebräisch mit dem beredten Titel »In der Falle der Grünen Linie« vorgelegt, in welchem er den Begriff der Binationalität zwar nicht ausdrücklich verwendet, aber seine Ausführungen verdichten sich letztlich zu dieser Formation der Konfliktlösung, der er freilich das Attribut des Utopischen beimisst.

Worüber geredet werden kann, darüber muss man nicht schweigen, und doch sollte man sich stets vor Augen halten, welchen Status das Reden über die Dinge beansprucht. Das trifft besonders für gesellschaftliche und politische Sachverhalte und Entscheidungen zu. Denn »denkmöglich ist alles, was überhaupt als in Beziehung stehend gedacht werden kann«, wie es bei Ernst Bloch heißt. Was aber prinzipiell denkmöglich ist, muss zumindest dann auf seine real-historische Möglichkeit untersucht werden, wenn das Mögliche als ein zu Verwirklichendes angedacht, mithin im Hinblick auf seine Praktikabilität anvisiert wird. Auch hier gilt es zwischen der Einsicht, dass alles, was historisch entstanden, letztlich auch historisch überwindbar ist, und der Einschätzung, dass sich dieses Prinzip zu einem gegebenen geschichtlichen Zeitpunkt nicht objektivieren lässt, weil die realen Voraussetzungen für seine Realisierung noch nicht vorhanden sind, zu unterscheiden. Und so ist im hier erörterten Zusammenhang das Denkmögliche durchaus in der Frage fassbar, wieso die Lösung des israelischen-palästinensischen Konflikts *prinzipiell* überhaupt in nationalen Kategorien angegangen wird. Wäre angesichts der unabweisbaren Tatsache, dass der schon in seiner klassischen Hochzeit übernational expandierende Kapitalismus sich nun endgültig globalisiert hat, und dass sich im 21. Jahrhundert entsprechend ganz neue internationale Blockformationen herausbilden, das nationale Pathos der Israelis und der Palästinenser und die sich von ihm herleitenden nationalen Postulate und Maximen nicht als ein objektiv Überlebtes zu betrachten und adäquater Weise »sanft« zu verabschieden? Die Frage ließe sich mit gutem Grund bejahen, erst recht, wenn man bedenkt, mit welchen gravierenden Problemen ökonomischer und ökologischer Natur sich die Kollektive der Nahostregion in absehbarer Zukunft zu befassen haben werden. Und doch kann man so nicht argumentieren, wenn man nicht den Fehler begehen möchte, die Realität (und Materialität) des Nahostkonflikts rein abstrakten Kategorien zu unterwerfen. Abstrakte Denkgebilde sind für sozialen und politischen Wandel zwar stets unabdingbar, aber sie dürfen nie einen solchen Stellenwert annehmen, dass sie die realen Strukturen dessen, was Ziel und Zweck der angedachten Veränderung bildet, vollkommen außer Acht lassen.

Um nun zu erläutern, wieso die binationale Lösung des israelisch-palästinensischen Konflikts in letzter Zeit überhaupt zur erwähnten Aktualität gelangt ist, sei hier ein weiteres Mal vorab die Sackgassensituation skizziert, welche die binationale Option strukturell erst eigentlich ermöglicht, ja Israel nachgerade aufzuzwingen scheint.

Israel kann die rigorose Entscheidung treffen, sich aus den im 1967er-Krieg eroberten Gebieten des Westjordanlandes zurückzuziehen und das auf diesem Territorium über Jahrzehnte errichtete Siedlungswerk zu räumen. Zwar kann man die Auswirkungen einer solchen Entscheidung auf die israelische Gesellschaft nicht von vornherein mit hundertprozentiger Sicherheit abschätzen, und doch geht man wohl mit der Prognose nicht fehl, sie könnte nicht nur einen tiefen Riss innerhalb der jüdischen Bevölkerung des Landes verursachen, sondern dieser Riss könnte in bürgerkriegsähnliche Situationen ausarten, vielleicht sogar in einen ausgewachsenen Bürgerkrieg. Denn es bedarf kaum mehr als eines harten, fanatisch-konsequenten Kerns von einigen hunderten oder tausenden Siedlern in der Westbank, welche dem Staat Israel ohnehin ständig jegliches Recht absprechen, die von ihnen als »gottverheißenes Land der Urväter« begriffenen Gebiete abzugeben, messianisch getriebener Ideologen also, die sich – vom Pathos des Glaubenssatzes »eher sterben, als dies zuzulassen« (*jehareg u'wal ja'avor*) beseelt – in ihren Siedlungen verbarrikadieren und den Staat zwingen würden, sein Gewaltmonopol gegen sie anzuwenden; es reicht hin, dass es im Verlauf einer solchen erhitzten Konfrontation zwischen den israelischen Sicherheitskräften und den bis zum Halse bewaffneten, kampferprobten Siedlern zu Feuergefechten mit Opfern auf beiden Seiten kommt, während Massenmedien aus aller Welt die Tabu-Übertretung, dass »jüdisches Blut durch Juden vergossen« wird, live übertragen, damit alle ideologischen Gegensätze, von denen die israelische Gesellschaft seit Jahren gebeutelt ist, alle sozialen Muster schwelenden Misstrauens, angestauter Kränkung und eingefrästen Ressentiments, die diese Gegensätze seit Bestehen des Staates nähren und von ihnen genährt werden, schlagartig an die Oberfläche gespült werden, um tiefste Klüfte zu öffnen und die Grenzen gängiger Diskurspolemik der israelischen Gesellschaft bei weitem zu überschreiten. Das besagt nicht, dass sich ein solches Szenario notwendig ereignen *muss*, schon gar nicht in all seinen möglichen Schreckensdimensionen. Gleichwohl ist ein solches Szenario in den letzten Jahren ganz gewiss im Bewusstsein der meisten, wenn nicht aller israelischen Juden zumindest aufgeschienen; man kann davon ausgehen, es hat sich im Vorbewusstsein eines entscheidenden Teils der jüdischen Bevölkerung Israels als reale geschichtliche Möglichkeit eingebrannt. Und man mache sich dabei nichts vor: Der von Israels ehemaligem Premierminister Ariel Sharon im Jahr 2005 initiierte Rückzug aus dem Gazastreifen und das Ausbleiben des von den rückzugsbetroffenen Siedlern vor der Räumung unentwegt angedrohten »Bruderkrieges« können nicht als Präzedenzfall für den Rückzug aus dem Westjordanland herangezogen werden. In jeder denkbaren Hinsicht, vom Umfang der Räumung und des mit ihr verbundenen Aufwands an logistischen Ressourcen und einzusetzenden

Militärkräften bis hin zum religiös-ideologischen Stellenwert des Westjordanlandes in den Augen nahezu aller Siedler, besonders aber ihres fanatisiert messianischen Kerns, handelt es sich um eine Operation und ideologische Herausforderung ganz anderer, völlig unvergleichbarer Größenordnung.

Israel kann hingegen die Entscheidung zum Rückzug aus den besetzten Gebieten auf unabsehbare Zeit vertagen bzw. entscheiden, diese Gebiete nicht zu verlassen, mithin im Zustand perpetuierter Okkupation zu verharren. Begründungen hierfür können von verschiedenen, ja völlig konträren Seiten bezogen werden. So sind, wie schon gesagt, in Israel bereits seit Jahren Stimmen zu vernehmen, denen zufolge die große Masse an jüdischen Siedlern, die das Westjordanland inzwischen in der dritten Generation bevölkern, der riesige Umfang der für sie geschaffenen Infrastruktur, die Unsummen, die in das koloniale Projekt investiert worden sind, und die riesigen Ressourcen, die es über Jahrzehnte (auf Kosten anderer wirtschaftlicher, sozialer und kultureller Belange der israelischen Gesellschaft) verschlungen hat, es mittlerweile schlichtweg verunmöglicht haben, das Siedlungswerk im Rahmen einer politischen Lösung des israelisch-palästinensischen Konflikts aufzuheben; die in den besetzten Territorien geschaffenen *facta bruta* seien irreversibel geworden. Mit einem Mann wie Meron Benvenisti kommt dabei diese Einschätzung zwar von linker politischer Seite, deckt sich aber kongruent mit der oft proklamierten Absicht Sharons, des ideologischen Ziehvaters der Siedlerbewegung und tatkräftigsten politischen Förderers der jüdischen Besiedlung der Westbank und des Gazastreifens, der sich Jahrzehnte lang über alle parteigebundenen tagespolitischen Bedenken rabiat hinwegzusetzen und »Tatsachen im Gelände« für die strategische Verbauung einer potenziellen Rückgabe der besetzten Gebiete ministeriell (und somit staatsoffiziell) zu betreiben pflegte. Zwar hat Sharon mit dem Abzug aus dem Gazastreifen am Ende seines politischen Lebens eine beachtliche Revision der Doktrin, die sein eigentliches Lebenswerk begründet hat, vorgenommen; welche strategischen Pläne er aber für das Westjordanland hatte, wird man wohl nie erfahren.

Interessanterweise korrespondierte die Gesinnung des nicht gerade religiös ausgerichteten Sharon aufs Engste mit der theologisch aufgeladenen Ideologie des nationalreligiösen Lagers, aus dem sich ein Großteil des rechten parlamentarischen wie außerparlamentarischen israelischen Radikalismus rekrutiert. In der Tat darf man in der religiösen Doktrin dieses Lagers, dem sich der Rückzug aus dem »Land der Urväter« als Gottessakrileg nachgerade verbietet, einen gewichtigen zweiten Grund für die Unterlassung (bzw. prononcierte Schmähung) der Rückgabe der besetzten Gebiete im Rahmen eines israelisch-palästinensischen Friedensabkommens sehen. Von kaum zu überschätzender Bedeutung ist dabei, dass mit der ideologischen Heiligsprechung des eroberten Bodens Religion bzw. religiöse Begründung von Außerreligiösem einen folgenreichen Einzug in die israelische politische Kultur nahm, der eine fatale Wende im eher säkular begründeten Diskurs des zionistischen Selbstverständnisses einläutete.

Ein drittes »Argument« für Israels Verbleiben in den besetzten Gebieten kommt von unerwarteter Seite. Moderate Palästinenser, die den bewaffneten Kampf gegen Israel für aussichtslos erachten, mithin die Ansicht vertreten, dieser Kampf liefere Israel stets nur den Vorwand, seine übermächtige Gewalt mit umso ungezügelter Vehemenz an der palästinensische Bevölkerung auszutoben, propagieren eine Politik des Ausharrens: Man möge die Okkupation so lange ertragen, bis sich das zur Zeit noch herrschende demographische Verhältnis dahingehend verkehrt hat, dass die Palästinenser die Mehrheit im gesamten, das ursprüngliche Kernland Israel und die okkupierten Gebiete umfassenden Territorium bilden. Dem fügt sich zuweilen der Wunschgedanke an, diese Überwinterungsphase möge als historische Vorstufe für die künftige Errichtung eines binationalen Staates Israel fungieren, mithin als Absage an die gegenwärtig anvisierte Zwei-Staaten-Lösung. Freilich gehören sowohl jene moderaten Palästinenser als auch Meron Benvenisti in ihren jeweiligen Gesellschaften einer solchen verschwindenden Minderheit an, dass man die von ihnen debattierte geschichtliche Option nicht weiter zu diskutieren bräuchte, wenn sich in ihrer Argumentation nicht etwas ankündigte, das viele Israelis ohnehin seit Jahren umtreibt: die in Israel als solche apostrophierte »tickende demographische Zeitbombe«. Denn würden sich die Majoritätsverhältnisse zugunsten der Palästinenser verändern, ergäbe sich daraus zwangsläufig entweder eine auf Apartheid ausgehende Beherrschung der arabischen Mehrheit durch eine jüdische Minorität, was selbst die Verbündeten Israels im Westen längerfristig kaum zulassen dürften, oder aber eine demokratische Anerkennung der neuen Mehrheitsverhältnisse, welche aber die reale Untergrabung eines der zentralen Postulate des Zionismus zufolge haben müsste: dass Juden stets die Mehrheit im zionistischen Staat zu wahren hätten.

Unerörtert mag hier die Möglichkeit bleiben, Israel würde notfalls den sogenannten »Bevölkerungstransfer« ausüben, d. h. eine ethnische Säuberung, die darauf aus wäre, die Palästinenser in einem organisierten Gewaltakt aus ihrem Lebensraum im Westjordanland zu vertreiben. Die Idee dazu wurde bereits in den 1980er-Jahren vom damaligen Führer der ultrarechten Kach-Bewegung Meir Kahane in die Welt gesetzt, um späterhin in etwas »moderaterer« Form vom Vorsitzenden der Moledet-Partei, Rechavam Zeevi, verfolgt zu werden. Beide erlagen palästinensischen Attentaten. Unbeachtet mag diese Option bleiben, weil davon auszugehen ist, dass nicht nur »die Welt« einem solchen Geschehen kaum tatenlos würde zusehen können, schon gar nicht die arabischen Nachbarländer, die unweigerlich in Zugzwang mit der möglichen Folge eines mittleren regionalen Krieges geraten dürften, sondern weil sich wohl auch genügend jüdische Israelis finden würden, um sich solch faschistischem Unwesen aufs Entschiedenste zu widersetzen.

Wenn nun aber das hier lapidar hingeworfene Spektrum historischer Möglichkeiten die zentralen strukturellen Vorgaben für Israels Weg in nächster Zukunft in der Tat umfasst, lässt sich daraus ersehen, warum sich die Lage, in die Israel – mit großem Anteil an eigenem Verschulden – geraten ist, dem zionistisch gesinnten Israeli wie die horrende Wahl zwischen Skylla und Charybdis ausnehmen muss. Denn sowohl die Folgen eines nicht auf konsensueller Basis vollzogenen Rückzugs aus dem besetzten Westjordanland, mithin die real mögliche Verwirklichung der Schreckensvision eines innerisraelisch-jüdischen Bürgerkrieges (bzw. die rigide Absage ganzer Teile der jüdischen Bevölkerung Israels an eine solche, ihrer Gesinnung zuwiderlaufende Raison d'être des Staates), als auch die objektive Entstehung einer binationalen Struktur im Falle des Verharrens in der militärisch garantierten Besatzungspraxis (bzw. der willentlichen Integration der palästinensischen Gesamtbevölkerung in ein gemeinsames Staatswesen) bedeuten mutatis mutandis das Ende des zionistischen Projekts, wie man es historischen gekannt hat. Wohlgemerkt: Im einen Fall ist die Rede von der Angst vor dem, was noch im Ungewissen, weil geschichtlich noch nicht Erfahrenen, liegt; im zweiten handelt es sich um eine objektive Strukturentwicklung, der man sich nicht wird entziehen können. So besehen, besteht zwischen den beiden Flügeln der Bedrohung keine volle Symmetrie – die Sackgasse verweist denn doch auf einen möglichen Ausweg, wenn man das Dilemma lösen, dabei aber auch den zionistischen Staat erhalten möchte.

Dass ihn nahezu alle in Israel lebenden Juden erhalten möchten, ist zur Zeit ein mindestens genauso realer Faktor im Nahostkonflikt wie das falsche Bewusstsein, von dem die Politik der israelischen Regierungen im Hinblick auf die künftige Erhaltung des zionistischen Staates geschlagen ist. Denn sosehr man die auf übernationalen Kategorien basierende Lösung des Konflikts herbeisehnen mag, darf man auf keinen Fall vergessen, dass in der gegenwärtigen historischen Phase weder die Palästinenser noch die Israelis bereit sind, auf ihre nationalstaatlich getragene Selbstbestimmung zu verzichten. Die nationale Selbstbestimmung des Gegners sind sie indes nicht bzw. nur mit Abstrichen bereit anzuerkennen. Das sollte aber nicht darüber hinwegtäuschen, dass sie die eigene dafür mit umso größerer Emphase einfordern. Ob man will oder nicht, man muss diese Grundtatsache zur Kenntnis nehmen. Muss man sich mit ihr abfinden? Nun, genau hier setzt die Überlegung ein, was man für die Lösung des Nahostkonflikts zum Kriterium des *Möglichen* erheben möchte: das prinzipielle, sich aufs *Abstrakte* beschränkende Postulat, alles sei denkmöglich, oder die praktisch ausgerichtete Einsicht darin, es gelte stets auch die Beschränkungen des *historisch real* Möglichen mit zu bedenken. Israelis und Palästinenser müssen den binationalen Staat *wollen*, damit dieser realiter »die einfachere, selbstverständlichere, nachhaltigere, vor allem aber gerechtere unter den beiden Lösungen« werden kann. Aber sie wollen ihn in ihrer gegenwärtigen geschichtlichen Verfasstheit nicht. Das hat natürlich viel mit dem durch den Konfliktverlauf über Jahrzehnte angestauten Hass, mit verfestigten Ressentiments und der gegenseitigen, von ideologischen Vorurteilen überfrachteten Wahrnehmung zu tun. Es hat aber vielleicht auch damit zu tun, dass man geschichtliche Phasen nicht einfach überspringen kann, mithin in Kauf nehmen muss, dass sowohl Israelis als auch Palästinenser die Prozesse ihrer je eigenen *nationalen* Bildungen erst durchlaufen müssen, ehe sie sich föderativ, konföderativ, bi- oder vielleicht auch übernational zusammenschließen können. Gerade Linke sollten nie vergessen, was es nach Marx an historischer Heranreifung bedarf, damit sich eine wirkliche revolutionäre Situation geschichtlich ausbilde, und was tragischer Weise geschah, als man den Sozialismus voreilig in einer historisch, materiell wie strukturell unreifen Konstellation errichtet zu haben wähnte.

Der Rückzug aus den besetzten Gebieten, mithin die Zwei-Staaten-Lösung, ist in der gegenwärtigen geschichtlichen Phase – bei allen damit einhergehenden Konflikten, Zerrissenheiten und kollektiven Verlustängsten – unabdingbar. Seine Notwendigkeit liegt auf der Hand. Fraglich, ob sich dafür eine genügend starke und bewusst agierende israelische Führungsgestalt finden lässt, die dies Notwendige rigoros zu vollziehen vermöchte. Eine, die es war, hat ihre Mission mit dem Leben bezahlt; eine andere, die es hätte vielleicht werden können, starb im Januar 2014, nachdem sie seit Jahren im Koma lag. Aber selbst eine starke politische Führung wird sich kaum zu bewegen wagen, wenn sich die israelische Bevölkerung dem, was zur Zeit noch den allermeisten in ihr als bedrohliche Sackgasse anmutet und sie in paralysierter Stagnation verharren lässt, nicht stellt, um die Herstellung der historisch möglichen Grundlagen für ihre eigene staatliche Fortexistenz einzufordern und diese zu garantieren.

Villa im Dschungel

Die Beantwortung der Frage, ob Israel eine Demokratie sei, bemisst sich am Begriff der Demokratie, den man dazu verwenden möchte. Folgt man den formalen Kriterien der politischen Demokratie, so darf man diese Frage durchaus bejahen: Israel zeichnet sich durch eine wesentlich funktionierende Gewaltenteilung und freie Wahlen aus; die gesetzlich verankerte Pressefreiheit ist, zumindest offiziell, nicht beschränkter als andernorts in der westlichen Hemisphäre; das Demonstrationsrecht ist gewährleistet wie auch andere gängige Gepflogenheiten und Praktiken zivilgesellschaftlichen Seins; das kulturelle Leben ist deutlich heterogen, das Straßenbild der Großstädte von einem ethnischen wie religiösen Pluralismus beherrscht. Formal, aber auch nach gewissen äußeren Erscheinungsbildern des öffentlichen Lebens könnte man geneigt sein, dem Diktum des ehemaligen israelischen Premier- und späteren Verteidigungsministers Ehud Barak zuzustimmen, dass Israel eine »Villa im Dschungel« darstelle, will heißen, dass es sich von den gesellschaftlichen und politischen Zuständen in den benachbarten arabischen Ländern durch seine aufgeklärte Modernität und demokratische Kultur hervorhebe.

Nun könnte man freilich gerade aus diesem Spruch die ideologischen Unterschichten des selbstgewissen Eigenlobs herausdeuten, um sich zu fragen, ob nicht schon das schiere Bedürfnis, sich in den Vergleich mit der arabischen Umwelt zu setzen, darauf verweist, wie prekär es mit diesem Selbstbild bestellt sein müsste, bemäße es sich am Idealtyp der Demokratie und nicht daran, was ihm von vornherein die Gewissheit des »Villa«-Vorsprungs verschafft. Unter den Blinden ist der Einäugige bekanntlich König, was zumeist dazu führt, dass er blauäugig wird: Sich an den organisch gewachsenen politischen Kulturen des Nahen Ostens bemessen zu wollen, ohne die koloniale und postkoloniale Vorgeschichte dieser welthistorisch gepeinigten Region mit in Betracht zu ziehen, zeugt von jener westlichen Arroganz, mit der der politische Zionismus von Anbeginn geschlagen war, als er sein eigenes koloniales Projekt in Palästina zu verwirklichen begann, wobei er sich ideologisch verblendet darauf berufen zu dürfen meinte, dass ein »Volk ohne Land in ein Land ohne Volk« einziehe. Theodor Herzls Diktum »In Basel gründete ich den Judenstaat« enthält bereits den Widerspruch in seiner vollen Tragweite: Der Staat der Juden wurde in der Tat – wie bereits weiter oben ausgeführt – im Überbau einer nicht existierenden Basis gegründet. Damit die Basis bestehe, war es notwendig, ihr Territorium zu bestimmen. Damit das Territorium tatsächlich das seine werde, musste es erobert (dabei aber auch auf seine Wahrnehmung als »Einöde« insistiert) werden. Für diese Eroberung aber war eine besiedelnde Bevölkerung nötig; so sorgte man für die Ankunft eines kolonisierenden Volkes. Erst dann konnte der Staat als formaler Rahmen jener Kolonisationsbewegung gegründet werden. Und erst nach der Gründung des Staates wurde die kritische Masse ihrer Bürgerbevölkerung (vom Staat organisiert) importiert. Der Staat der Juden, ausgesprochene Spätfolge der europäischen Nationalstaatsideologie, ist der einzige Staat der Welt, der in der Sphäre des Ideellen bestimmt wurde, bevor es die materielle Basis zur Verwirklichung der Idee gab; der territorial bestimmt wurde, ehe es das Kollektiv für die Besiedlung dieses Territoriums gab; der gegründet wurde, ehe die notwendige Bürgermasse für seine Existenz bestand.

Wenn also über eine »Villa im Dschungel« schwadroniert wird, tut man gut daran, sich über die historischen Vorbedingungen der in dieser Metapher angesprochenen Konstellation Klarheit zu verschaffen, vor allem über das keineswegs ausgestandene historische Unrecht, mit dem die Pracht der Villa erkauft worden ist. Der israelische Wirtschaftsminister und Vorsitzende der Partei HaBayit HaYehudi, Naftali Bennet, hat im Juni 2013 das

Problem Israels mit den Palästinensern einem »Granatsplitter im Hintern« gleichgesetzt, welchen man herausoperieren kann mit der Gefahr, invalid zu bleiben, oder aber lernen muss, mit ihm im Körper zu leben. Abgesehen davon, was es über die Assoziationswelten eines Staatsoffiziellen besagt, wenn er (in vollem patriotischen Pathos) sein eigenes Land mit einem Hinterteil vergleicht, muss man sich (mit noch größerer Dringlichkeit) fragen, was es bedeutet, wenn ein prominenter Minister des Staates Israel wie selbstverständlich davon redet, dass im Jahre 2013 rund 400 000 Israelis in der Westbank und weitere 250 000 in Ostjerusalem leben, um folgernd den »Versuch, einen palästinensischen Staat in unserem Land zu errichten,« für beendet zu erklären. Was besagt dies über sein Demokratieverständnis, wenn man bedenkt, dass es ihm nicht einfällt, den Palästinensern, die er dem Hoheitsgebiet des Staates Israel einverleiben möchte, volle Bürgerrechte zu verleihen? Wäre dies sein Plan, redete er der Lösung eines binationalen Staates das Wort, woran Bennet und seinesgleichen ganz und gar nicht interessiert sind, um es gelinde zu formulieren. Das Problem besteht jedoch darin, dass der rechtsradikale, wenngleich smart auftretende Naftali Bennet keine marginale Ausnahmeerscheinung darstellt, sondern den festen Konsens innerhalb des größten Teils der politischen Klasse Israels (und breiter Massen der israelischen Bevölkerung) widerspiegelt. Mochten über lange Jahrzehnte noch so euphorische Parolen einer lippenbekennenden Alternativ-Rhetorik in Israel erklingen, die tatkräftige Praxis und Handlungsemphase war stets – und zwar in allen Regierungen seit 1967 hindurch – eine, die Naftali Bennet im Jahre 2013 zu seiner selbstgewissen Proklamation gelangen ließ. Die über 10 Prozent der jüdischen Bevölkerung Israels, die in den von Israel im Jahre 1967 besetzten Gebieten leben, sind mit infrastruktureller und ideologischer Hilfe und unter direkter bzw. augenzwinkernder Absegnung *aller* Regierungen Israels dorthin gelangt. Der einzige Regierungschef, der es sich einfallen ließ, das israelisch-palästinensische Problem anders lösen zu wollen, ist nicht von ungefähr umgebracht worden. Es ist nicht ausgemacht, wie weit es Rabin mit seinem Osloer Friedensplan gebracht hätte (im Jahrzehnt des Oslo-Prozesses ist immerhin das Siedlerkontingent im Westjordanland von rund 100 000 auf 200 000 verdoppelt worden); klar ist aber, dass das Attentat jene Selbstparalyse der israelischen Friedensbewegung einläutete, von der sie sich bis heute nicht erholt hat. Naftali Bennet ist nicht Ursache des Problems, sondern sein Symptom. Er verleiht dem israelischen Zeitgeist den authentischeren Ausdruck als der international als Friedensapostel gefeierte Shimon Peres, der übrigens selbst keinen geringen Anteil daran hat, dass Israel nichts mit größerer Verve betreibt, als die Vereitelung einer friedlichen Lösung des israelisch-palästinensischen Konflikts.

Im hier erörterten Zusammenhang stellt sich die generelle Frage: Wie demokratisch kann ein Land sein, das seit bald fünf Jahrzehnten ein repressives Okkupationsregime unterhält, mit dem es ein anderes Volk brutal unterdrückt, mithin dessen nationale Selbstbestimmung fortwährend verhindert? Welchem Demokratiebegriff hängt man an, wenn man bereit ist, die wesentliche Möglichkeit von Demokratie und Repression überhaupt erst zusammenzudenken? Erweist sich der Demokratiebegriff in einer solchen widersprüchlichen Konstellation nicht zwangsläufig als Ideologie, als bewusste Kaschierung einer Realität, der die Demokratie im genuinen Sinn fundamental zuwiderläuft?

Diese Frage stellt sich umso dringlicher, als die hier anvisierte Ausrichtung des jüdischen Israel nicht nur die Palästinenser in den besetzten Gebieten betrifft, sondern auch die in Israel lebenden Araber. Zwar gelten sie formal als gleichberechtigte Bürger, sind es aber in ihrem realen Leben ganz und gar nicht. Denn anders als in Ländern, in denen sich die Etablierung einer zivilen Gesellschaftsordnung der (zuweilen erst im blutigen Bürgerkrieg manifest gewordenen) Austragung innerer Konflikte verdankte, fußte der innere Zusammenhalt der israelischen Gesellschaft von Anbeginn auf einer durch blutige Auseinandersetzungen mit äußeren Feinden gespeisten, zudem über Jahrzehnte tabuisierten Entsorgung immanenter Widersprüche und der diesen innewohnenden Konfliktpotenzialen. Obgleich sich Israel dabei, wie bereits erwähnt, der Erhaltung einer im Vergleich mit Ländern der Region leidlich funktionierenden formalen Demokratie rühmen darf, zeichnet sich sein politisches Selbstverständnis als »Staat der Juden« durch die Aporie zweier miteinander unvereinbarer Vektoren aus: des universal orientierten Anspruchs auf ein modern-säkulares Gemeinwesen und der diesem Anspruch wesentlich zuwiderlaufenden, auf archaisch-religiöse Elemente des Partikularen zurückgreifenden Begründung des Zionismus. Die durch die Raison d'être des Staates vorgegebene Hegemonie der Juden verträgt sich schlechterdings nicht mit dem zivilen Anspruch eines »Staates all seiner Bürger«. Ohne es demnach juristisch offiziell verankern zu müssen, wird die große in Israel lebende arabische Minorität in der Praxis und im Rahmen etablierter politischer Institutionen bis auf den heutigen Tag gleichsam strukturell als eine Kategorie von Bürgern zweiter Klasse behandelt. Dies erweist sich nicht nur an der normativ angezweifelten Legitimität arabischer Parlamentarier als mögliche Koalitionspartner etablierter zionistischer Parteien in entscheidenden Fragen, etwa der radikalen Forcierung des Friedensprozesses mit den Palästinensern, sondern auch an der Diskriminierung des arabischen Sektors insgesamt beim Ausbau seiner materiellen Infrastruktur, der Verteilung staatlicher Wirtschaftsressourcen und der allgemeinen Besetzung von sozial, politisch, ökonomisch und kulturell bedeutsamen Machtposten und Kontrollpositionen. Vom Zugang zu Israels Eliten sei hier ganz geschwiegen.

Aber nicht nur im Hinblick auf die zuweilen als »innerer Feind« apostrophierten israelischen Araber lässt sich der demokratische Selbstanspruch Israels hinterfragen. Auch innerhalb des in Israel lebenden jüdischen Kollektivs zeigen sich Risse, die das Postulat demokratischer Partizipation mehr als prekär erscheinen lassen. Dies hat geschichtliche Gründe, was allerdings nichts daran ändert, dass besagte Gründe das heutige Sozialgefüge Israels und die sich von diesem ableitende politische Kultur maßgeblich bestimmt und geformt haben.

Es ist kein Geheimnis, wie stark die israelische Gesellschaft von einem gravierenden, gleichwohl über Jahre heruntergespielten ethnischen Moment durchwirkt ist. Der historische Hintergrund dürfte bekannt sein: Der zionistische Staatsgedanke, ob in seiner liberal-bürgerlichen Version deutscher bzw. österreichischer Provenienz oder in seiner sozialistischen Ausprägung, wie sie sich in Osteuropa herausbildete, war im Kern den europäischen Nationalstaatsbildungen und den mit diesen einhergehenden nationalen Befreiungsbewegungen verpflichtet. Nicht nur verstand er sich als säkular in seiner Ausrichtung und westlich-modern in der angepeilten Herrschaftsform, sondern die Träger jenes Gedankens an der Wende vom 19. zum 20. Jahrhundert hatten vor allem das Bild des europäischen Juden vor Augen, wenn sie an die im jüdischen Staat künftig zu errichtende Gesellschaft dachten. Die orientalischen Juden traten kaum in ihr Blickfeld; ihre Rezeption in der prästaatlichen Ära Israels zeichnete sich denn durch eine eher exotisch-romantisierende (zuweilen mit dem »biblischen Ursprung« assoziierte) Einfärbung der orientalisch-fremd anmutenden Gestalten, die allerdings noch keinen gewichtigen sozialen Faktor in der sich herausbildenden jüdischen Gemeinschaft in Palästina darstellten.

Die Situation änderte sich dramatisch mit der israelischen Staatsgründung im Jahre 1948, als sich infolge des sogenannten Unabhängigkeitskrieges die demographische Situation einer aus etwa 650 000 im neuen Staat lebenden Juden und ca. 150 000 nach Vertreibung und Flucht gebliebenen palästinensischen Arabern zusammengesetzten Gesellschaft ergab. Nicht von ungefähr wurde alsbald ein vom Staat organisierter massiver »Import« von (wie immer zionistisch motivierten) Juden nach Israel gestartet. Da aber ein Großteil des europäischen Judentums im Holocaust vernichtet worden war (von den Überlebenden zudem beträchtliche Teile nicht nach Israel wollten), wurde eine intensive zionistische Tätigkeit unter Juden in arabischen Ländern betrieben, die im ersten Jahrzehnt nach der Staatsgründung drei große Einwanderungswellen zeitigte: die Immigration der jemenitischen, der irakischen und der marokkanischen Juden. Innerhalb einer Dekade verdreifachte sich die Zahl der in Israel lebenden Juden und stieg auf 1,8 Millionen an.

Die verschiedenen orientalischen Einwanderungsgruppen unterschieden sich in ihrer Bildung und Ausbildung, in ihren sozioökonomischen Prädispositionen und ihren lebensweltlichen Praktiken und Gewohnheiten. Die Händler aus dem Bagdader jüdischen Bürgertum wie denn auch die irakisch-jüdischen Kommunisten, die ins Land kamen, zeichneten sich durch ganz andere soziale, politische und wirtschaftliche Erfahrungen und entsprechende Aspirationen aus als etwa die aus dem Atlas-Gebirge und anderen wirtschaftlich zurückgebliebenen Gebieten stammenden marokkanischen Juden mit eher landwirtschaftlichen Traditionen. Und doch kann pauschal behauptet werden, dass die ethnische Unterteilung der jüdisch-israelischen Gesellschaft in aschkenasisch und orientalisch (die arabische Bevölkerung Israels soll hier unerörtert bleiben) eine klare sozioökonomische Dimension aufweist: Während sich die oberen Gesellschaftsschichten zum größten Teil aus aschkenasischen Juden zusammensetzen, sind die unteren fast ausschließlich von orientalischen Juden bevölkert. Nicht nur ergab sich daraus über Jahrzehnte eine objektiv wirkende wirtschaftliche Unterprivilegierung sozialer Gruppen orientalischer Provenienz, sondern die israelischen Eliten in den Bereichen der Wissenschaft, der Justiz, des Militärs, der Politik, der Ökonomie und der Kultur blieben ihnen weitgehend versperrt. Es ging dabei weder um formale Verordnungen noch um hermetische Undurchlässigkeiten, sondern um das, was gewöhnlich die *Hegemonie* einer sozialen Gruppe ausmacht.

Symptomatisch war die Reaktion der aschkenasischen Ministerpräsidentin Golda Meir zu Beginn der 1970er-Jahre, die den sozialen Aufstand der vor allem in den Jerusalemer Slums aufgewachsenen jungen orientalischen Juden mit dem arroganten Bescheid quittierte, sie seien »nicht nett«. Die fehlende Sensibilität der Politikerin für die Belange der soziale Gerechtigkeit einklagenden orientalischen Jugendlichen korrespondierte mit einer die israelische Gesellschaft zwar nicht durchgängig, doch unverkennbar durchwirkenden Überheblichkeit aschkenasischer Juden orientalischen Juden gegenüber.

Dieser sich auf die Gesellschaftsstruktur auswirkenden ethnischen Tendenz galt eine Mitte der 1980er-Jahre einsetzende Gegenbewegung. Zum einen trat eine gut ausgebildete, begrifflich wie theoretisch versierte orientalische kritische Intelligenz in Israels öffentliche Sphäre ein, die die Herrschafts- und Machtverhältnisse im Bereich der Kultur, der Wirtschaft und der Politik radikal zu hinterfragen begann, wobei sie zunehmend das gesamte zionistische Projekt als westlich-aschkenasisch, mithin repressiv in Frage stellte. Zum anderen wurde die Shas-Partei gegründet, eine politische Institution, welche als Interessenvertreterin einer religiös-orthodoxen, orientalischen und sozial unterbemittelten Klientel auftrat und deren ethnische Einfärbung zum Programm erhoben wurde. Wie sehr sich in dieser Parteigründung ein gravierendes sozial-kulturelles Moment widerspiegelt, lässt sich an den beachtlichen Wahlerfolgen der Partei über viele Jahre ermessen, wobei sich höchst gegensätzliche, teils widersprüchliche politische und kulturelle Kodes im Selbstverständnis der Partei auswirken. Zwar ist sie (im Gegensatz zu den traditionellen aschkenasischen orthodoxen Parteien) bestrebt, Machtpositionen in der Politik auf ministerialer Ebene zu erobern, aber sie versteht sich als nicht- (wenn auch nicht gerade rigoros als anti-) zionistisch. Ihr geistiger Führer, Rabbiner Ovadia Joseph, hängt in außenpolitischen Fragen eher moderaten, friedensmotivierten Anschauungen an, wohingegen ein Großteil seiner Parteianhänger nationalistisch, zum Teil auch deutlich araberfeindlich eingestellt ist. Das soziale und ökonomische Netzwerk, das die Partei für ihre Klientel gebildet hat, wird vom Staat finanziert, versteht sich aber, zumindest in kulturellen bzw. erzieherischen Belangen als autonom. Dass dabei mit diesem Netzwerk der Armutszirkel, in welchem sich die meisten Parteianhänger befinden, mitnichten durchbrochen wird, wird nicht zum Politikum erhoben. Autoritäre Muster und Strukturen wirken sich denn auch deutlich auf den Zusammenhalt der politischen Organisation aus. Getragen wird die Bewegung vor allem durch das allen inneren Gruppierungen innerhalb der Partei gemeinsame religiöse Moment und – nicht minder brisant – durch das ethnische Ressentiment.

Als Ovadia Joseph vor einigen Jahren behauptete, die Holocaust-Opfer des europäischen Judentums seien alle »wiedergeborene Sünder« gewesen, vermengten sich beide Momente zu einem einheitlichen Kode: Nicht nur wiederholte der Rabbiner in seiner Feststellung eine Denkfigur der religiös-orthodoxen Auseinandersetzung mit dem Holocaust, der zufolge der Holocaust als Gottes Bestrafung des jüdischen Volkes für begangene Sünden zu deuten sei, sondern er ließ auch mutatis mutandis eine latente ethnische Komponente in seine Aussage einfließen. Denn, wenn der Holocaust nahezu ausschließlich aschkenasischen Juden widerfuhr, diese aber als »wiedergeborene Sünder« apostrophiert werden, dann heißt es auch, dass *aschkenasische* Juden die Sünde in sich trügen und – bei konsequenter Auslegung der Aussage – ihre Strafe in Form der weltgeschichtlichen Katastrophe zu Recht erhalten hätten. Es gab selbstverständlich den sofortigen obligatorischen Aufschrei in Israel, und der Rabbiner verwandelte flugs die »wiedergeborenen Sünder« in »Heilige«.

Israel durchläuft in den vergangenen Jahren die Phase einer massiven Umstrukturierung der vom traditionellen Zionismus etablierten Herrschaftsverhältnisse, gesellschaftlichen Praktiken und kulturellen Konventionen. Das Religiöse ist dabei zum Hebel »legitimer« Machtkämpfe avanciert, was etwas mit dem innerjüdischen, schon in der Ideologie des klassischen Zionismus latent angelegten »Kulturkampf« zu tun hat. Dass das Ethnische so in den Vordergrund treten kann, wurzelt, wie gesagt, strukturell in der Vorgeschichte des zionistischen Staates, zeichnet sich heute aber eindeutig durch ideologischen Charakter aus. Denn nicht nur trägt das Ressentiment dazu bei, vom eigentlichen – sozioökonomisch sich auswirkenden – Faktor der Diskriminierung abzulenken, sondern es ist auch das denkbar schlechteste Mittel, die die israelische Gesellschaft beutelnden Probleme und Konflikte, von denen das ethnische nicht das geringste ist, rational anzugehen. Was das für den demokratischen Diskurs in Israel bedeutet, versteht sich wohl von selbst. Gravierend dabei, wie gesagt, die Rolle des religiösen Faktors, die nun im hier erörterten Zusammenhang anvisiert werden soll.

Was das Judentum sei – eine Religion, ein Volk, eine Nation –, ist bis zum heutigen Tag unter Juden so strittig, dabei aber auch offenbar von solch formaler Relevanz, dass die Unentschiedenheit darüber, wer Jude sei (*mihu jehudi*), Grund genug zu sein scheint, von der Verabschiedung einer bindenden Verfassung für den Staat Israel vorläufig abzusehen. Was sich dabei für den demokratischen Republikaner der westlichen Hemisphäre merkwürdig, um nicht zu sagen anachronistisch anhört, ist für den jüdischen Israeli zumindest dahingehend von essenzieller Bedeutung, als sich über die Beantwortung dieser Frage bestimmen würde, welchen politischen Charakter der Staat Israel, mithin die gesamte israelische Gesellschaft anzunehmen hätte. Denn im Gegensatz zu den allermeisten Ländern des Westens (und am Westen messen sich nun einmal der israelische Staat und die ihn tragende zionistische Ideologie) ist die rigide Trennung von Staat und Religion in Israel nie recht vollzogen worden. Zwar verstand sich der klassische Zionismus sowohl in seiner sozialistischen als auch in seiner liberalen Ausrichtung als wesentlich säkular und sah seine historische Mission gerade in der Loslösung vom religiös-orthodoxen Judentum der Diaspora, mithin von den in ihr über Jahrhunderte etablierten Lebenswelten und -weisen; da er sich aber in seinen Anfängen vor der geschichtlichen Realität gestellt sah, dass keine der für die europäischen Nationalstaatsbildungen erforderlichen Bedingungen – Einheit des Territoriums, Einheit eines das Territorium bevölkernden Kollektivs und Einheit der nationalen Kultur in der Form einer bindenden Nationalsprache – auf ihn zutraf, ließ er die Religion gleichsam durch die Hintertür wieder in das Koordinatensystem seines Selbstverständnisses herein. Was hätte er auch einem über alle Erdteile und Länder versprengten Volk, dem kein Territorium für seine nationale Selbstbestimmung zur Verfügung stand, und dessen späterhin zur nationalen erkorene Sprache seit vielen Jahrhunderten nur in der Liturgie und im religiös-gelehrten Schrifttum praktiziert wurde (mithin keine lebendig Alltagssprache abgab), anderes als die Religion als kollektives Bindemittel anbieten können? Nicht von ungefähr bestimmte daher der frühe Zionismus das biblisch-historische *Eretz Israel* als das Territorium, auf dem der moderne Staat Israel künftig errichtet werden sollte, und die hebräische Bibelsprache (allerdings erst nach bestandenem Sprachstreit mit dem unter aschkenasischen Juden verbreiteten und lebensweltlich gebrauchten Jiddisch) als die – freilich erst zu erneuernde – Nationalsprache.

Mehr noch: Jüdische Religionszugehörigkeit wurde zum Kriterium für den Anspruch auf die israelische Staatsbürgerschaft erhoben, und zwar unabhängig davon, ob der Jude/Jüdin seinen/ihren Glauben praktiziert oder an diesem überhaupt festhält. Das Jude-Sein kann sich verschieden begründen – etwa fremdbestimmt durch die Erfahrung der Ausgrenzung oder Verfolgung als Jude; lebensgeschichtlich durch die schiere Geburt in ein jüdisches Kollektiv; kulturell durch bewusste Berufung auf jüdische Geschichte und Tradition, mithin auf den Anspruch, sich national und kulturell zu konsolidieren. All diese Momente flossen durchaus in die Ideologie des Zionismus ein; als *formale*s Kriterium für den legitimen Anspruch auf nationale Zugehörigkeit zu dem sich als solchen verstehenden Judenstaat wurde gleichwohl die *religiöse* Definition des Juden bestimmt, und zwar gerade in seiner orthodoxen Version: Jude ist nach jüdisch-orthodoxem Glauben, wie weiter oben bereits dargelegt, wer von einer jüdischen Mutter geboren wurde oder als Nichtjude eine streng beobachtete orthodoxe Konversion zum Judentum vollzogen hat. Das muss im hier erörterten Zusammenhang nicht nur deshalb hervorgehoben werden, weil das Konversionsmonopol des israelischen orthodoxen Establishments im Jahre 2010 per Gesetz erneut ratifiziert wurde (was sogleich den Aufschrei des Reformjudentums in den USA, welches sich durch diesen Gesetzesbeschluss von Israel abgestoßen sieht, zeitigte), sondern weil sich darin auch der instrumentelle Charakter des Umgangs mit der Religion in Israel – in diesem Fall primär macht- und parteipolitisch motiviert – darstellt: Obgleich gewichtige Teile des (halb)religiösen Judentums in der Welt sich dem reformistischen bzw. konservativen Glauben verpflichtet wissen, gelten gerade sie der in Israel herrschenden Religionsorthodoxie als schlimmster Feind, der rigoros bekämpft werden muss.

Dabei darf die Einstellung der jüdischen Orthodoxie (besonders ihrer ultraorthodoxen Strömungen) zum zionistischen Staat im besten Fall für gespalten erachtet werden. Aus Gründen, die mit rigiden Glaubenssätzen messianischer Erlösungsverheißung zusammenhängen, deutete (und deutet) die Orthodoxie das gesamte historische Projekt des politischen Zionismus als ein Vergehen gegen den wahren jüdischen Gottesglauben. Teile dieser

Orthodoxie leben zwar im Staate Israel, erkennen aber diesen in seinem zionistischen Selbstverständnis nicht an; die radikalsten unter ihnen sind ihm gar dezidiert feindlich gesinnt. Der israelische Staat seinerseits erkannte bezeichnenderweise die Einstellung der Orthodoxie ihm gegenüber insofern an, als er ihren Forderungen in Bezug auf die Gestaltung ihrer eigenen Lebenswelten und Wahrung ihrer strengen Glaubenskultur durch das Zugeständnis ihrer Autonomie im Bereich der Schulerziehung und der weitgehenden Befreiung vom obligatorischen Militärdienst nachkam. Warum er so handelt bzw. schon zur Zeit der Staatsgründung handeln musste, liegt auf der Hand: Wenn der Zionismus die Versammlung des gesamten jüdischen Volkes in einem Judenstaat postulierte, konnte kein Teil des Volkes davon ausgenommen werden – schon gar nicht nach der Shoah, als sich die Ausgrenzung oder gar Verfolgung von Juden durch Juden wie von selbst verbieten musste. Das Zusammenleben der Zionismus-feindlichen Orthodoxie und des säkularen, religionsabstinenten Zionismus war, so besehen, dem aus der jüdischen Katastrophe hervorgegangenen Nationalstaat der Juden ideologisch wie strukturell von Anbeginn eingeschrieben.

Den Versuch einer Quadratur des Kreises unternahm in diesem Zusammenhang die bereits in der prästaatlichen Ära wirkmächtig gewordene nationalreligiöse Bewegung. Im Gegensatz zur traditionellen Orthodoxie, die die Kluft zwischen dem modernen politischen Zionismus und ihren Glaubensdoktrinen für unüberbrückbar hielt, redete diese einer Synthese von Zionismus und Orthodoxie das Wort: Sie wendete die Abgrenzungslogik der Orthodoxie, indem sie die schiere Gründung der jüdisch-nationalen Befreiungsbewegung und die späterhin erfolgte Errichtung des Staates Israel als einen manifesten historischen Schritt auf dem Weg zur nahenden *messianischen* Erlösung des jüdischen Volkes deutete, womit sie denn den Keim für das säte, was im Laufe der Zeit zu ihrer prononcierten politischen Theologie gerinnen sollte. Beide rivalisierenden Richtungen des religiösen Judentums in Israel nehmen sich bis zum heutigen Tag gegenseitig mit steigendem Argwohn, ja mit feindseligem Abscheu wahr. Fügt man noch das (freilich in Israel kaum je wirklich zum Zuge gekommene) Reformjudentum hinzu, welches sowohl von der religiösen Orthodoxie als auch vom nationalreligiösen Establishment mehr oder minder missachtet bzw. abgewiesen wird, so ergibt sich das Bild einer in der Staatsräson sich zwar als säkular begreifenden Kollektivität, welche aber in ihrer sozialen Realität von gewichtigen, wenn auch untereinander schwer verfeindeten religiösen Bestandteilen durchzogen und mitgeprägt ist.

Wie immer vage sich das Verhältnis zwischen jüdischer Religion und Zionismus an sich gestalten mochte, darf mit Bestimmtheit behauptet werden, dass der »Moment der Wahrheit« dieses ambivalenten Verhältnisses erst dann zutage trat, als die Religion aufhörte, sich als lippenbekennendes Epiphänomen des hegemonialen zionistischen Staatsgeschehens zu gerieren, und begann, einen realen dominanten Faktor bei der Gestaltung des politischen wie kulturellen Lebens Israels zu bilden. Dies geschah erst infolge des Junikrieges von 1967: Erst mit diesem Krieg materialisierte sich die biblische Parole vom »Land der Urväter« und verwandelte sich in ein handfestes Kapital, welches sich solch dichotomen Deutungsparadigmen wie »Land der Urväter« einerseits und »besetzte Gebiete« andererseits unterwerfen lässt. Erst nach dem 1967er-Krieg konnte sich also die *religiös*-jüdische Sicht zum legitimen Bestandteil des herrschenden politischen Diskurses, mithin zum akzeptierten religiösen Element innerhalb der weitgehend säkularen Legitimationspraxis der israelischen politischen Kultur wandeln. Man mag diese Entwicklung begrüßen oder verdammen. Man mag in ihr aber auch ein authentisches Erbe des Zionismus insgesamt erkennen. Denn wenn man bedenkt, wie gravierend sich das in den besetzten palästinensischen Gebieten errichtete jüdische Siedlungswerk auf die innere wie äußere Politik Israels in den vergangenen Jahrzehnten ausgewirkt hat, muss man sowohl die religiöse Motivationslogik dieser Expansionspraxis als auch die Funktion, die sie übers eigene Selbstverständnis hinaus erfüllt, ins Auge fassen.

Es ist nämlich diese merkwürdige Synthese von Religion und Politik, die das formal Demokratische des israelischen Staates letztlich ad absurdum führt. Denn nicht nur unterminieren die religiösen Gruppen der Orthodoxen und der Nationalreligiösen das demokratische Prinzip in ihrem schieren Selbstverständnis, was sich nicht zuletzt darin manifestiert, dass der rabbinische Schiedsspruch ihnen stets mehr gilt als der der staatlichen Justiz; sondern sie sind tendenziell bereit, sich dem Staat aktiv zu verweigern, wenn es darauf ankäme: Die nationalreligiösen Siedler sind es, die sich dem Gewaltmonopol des Staates widersetzen würden, wenn Israel den Beschluss fassen sollte, im Rahmen eines finalen Friedenabkommens die besetzten Gebiete des Westjordanlandes zu räumen. Die Orthodoxen sind es, die sich dem gesetzlich vorgeschriebenen Militärdienst, mithin der Partizipation an den gesellschaftlichen Strukturen der israelischen Gesellschaft insgesamt verweigern. Dabei sehen sie sich freilich im Besitz eines für alle Israelis bedeutenden symbolischen Kapitals: Sie sind Platzhalter der Religion, deren Israel bedarf, um sich ideologisch als jüdischen Staat zu apostrophieren. Dass in diesem Zusammenhang nichtreligiöse Zionisten darauf insistieren, Israel als *jüdisch-demokratischen Staat* zu definieren, ist ihr Problem, nicht das der Religiösen, die sich erst gar nicht demokratisch wähnen. Wenn der Staat Israel sich als jüdisch begreift, kann er schlechterdings nicht den Anspruch erheben, demokratisch zu sein (selbst nicht im formalen Sinne, wie hier indiziert wurde). Will aber Israel demokratisch sein, kann es nicht die Religion als seine ideologische, auch nicht als seine territorialpolitische Grundlage heranziehen.

Dieses in der widersprüchlichen Logik des Zionismus angelegte Strukturmoment muss ideologiekritisch dekodiert werden, um zu begreifen, was es mit den in den letzten Jahren gesteigert antidemokratischen Phänomenen in Israels Gesellschaft und Politik auf sich hat – mit empörenden Gesetzesvorlagen und Gesetzen; mit Erscheinungen des immer häufiger zutage tretenden Alltagsrassismus; mit der Legitimation von antidemokratischer Rhetorik und gestandener Fremdenfeindlichkeit im öffentlichen Diskurs. Vieles mehr, Verschreckendes, ließe sich hier auflisten. Stattdessen sei zum Abschluss etwas anderes versucht: Im Sommer 2011 entfaltete sich eine massive, streckenweise beeindruckende soziale Protestbewegung in Israel. Ihr Scheitern mag einiges von Grenzen und Ideologie der israelischen Demokratieemphase beleuchten.

Ausgehend von einer Protestinitiative einiger weniger junger Menschen auf der gutbürgerlichen Rothschild-Allee im Zentrum Tel-Avivs, kam in kurzer Zeit eine flächenbrandartig sich ausbreitende Massenprotestbewegung zustande, die sich in einer die gesamte Allee besetzende Zeltreihe formierte, welche ihrerseits eine täglich anschwellende Zuwanderung, sehr bald auch eine nicht abreißende Medienpräsenz verbuchen durfte. Mit großem Staunen registrierte man, wie sich charismatische Führer und Führerinnen dieser spontanen Bewegung durch prägnante Organisations- und Koordinationsaktivität hervortaten; eine Debatten, Diskussionen und Aktionen generierende politische Subkultur sich an den Orten des Protestgeschehens heranbildete, mithin weitere Zeltzentren in anderen Städten sich niederließen, sodass die etablierte Politik aufhorchte und sich bald schon in Zugzwang sah. Denn was mit einer winzigen Protestbewegung begonnen hatte, kulminierte nach wenigen Wochen in stetig anwachsenden Massenkundgebungen an Wochenenden – in der damals größten gingen rund 400 000 Menschen auf Israels Straßen. Die Regierung reagierte durch die Bildung eines Ausschusses, der in Zusammenarbeit mit Vertretern der Protestbewegung deren (systematisch aufgelistete) Forderungen zusammentragen und für institutionalisierte Entscheidungsfindungen der jeweiligen Ministerialgremien bearbeiten sollte.

Worum ging es in der Protestbewegung? Die Frage ist nicht einfach zu beantworten, denn viele, teils heterogene Gruppen mit verschiedenen Ansprüchen und Forderungen beteiligten sich an ihr. Wagt man aber die Benennung eines kennzeichnenden gemeinsamen Nenners (oder zumindest den der dominanten Gruppen innerhalb der Bewegung), so geht man wohl nicht fehl mit der Behauptung, es handelte sich um eine zivilisierte Empörung des israelischen Mittelstands. Man lasse sich nicht dadurch beirren, dass der Skandierungsrhythmus des Hauptslogans in den Aufmärschen und Kundgebungen (»Das Volk fordert soziale Gerechtigkeit!«) dem der Parolenrhythmen auf dem Kairoer Tahrir-Platz glich. Das dürfte die einzige Affinität zu den umstürzlerischen Ereignissen in den benachbarten Ländern gewesen sein. Was man mit »sozialer Gerechtigkeit« meinte, hatte entsprechend nicht viel gemeinsam mit dem ökonomischen Aufschrei verarmter Millionen in Ägypten. Da die israelische Wirtschaft der letzten Jahre, im Gegensatz zu einigen europäischen Ländern, zumindest offiziell und auf Makroebene, positive Zahlen, Zuwachs und Fortschritt verzeichnen durfte, handelte es sich bei den emphatischen Sommerprotesten primär um eine Verteilungsfrage: Ein eigentlich nicht schlecht verdienender Mittelstand sah sich außerstande, die Lebenshaltungskosten des von ihm beanspruchten Lebensstandards zu bewältigen. Es ging um unhaltbare Miet-, Lebensmittel-, Kinderbetreuungs-, Bildungs-, Erziehungs- und andere Kosten des »normalen guten Lebens«, die nicht zuletzt deshalb nicht mehr bezahlt werden können, weil der von Benjamin Netanjahu seit Jahren geförderte Turbokapitalismus den israelischen Sozial- und Wohlfahrtsstaat nahezu ausgehöhlt bzw. schon in den Kollaps getrieben hat. Noch nie waren die sozialökonomischen Klüfte in Israels Gesellschaft, welche sich einst durch relative Egalität auszeichnete und dieses Attribut auch als

Gesinnungsfaktor ihres Selbstbildes rühmte, so groß wie heute. Nicht aber die deutlich verarmten Klassen waren Träger der bisherigen Protestbewegung, sondern die zunehmend deklassierten Mittelschichten, die sich der Erosion ihres mittelständischen Wohllebens »plötzlich« ausgesetzt sahen – und sich gegen diese emphatisch aufbäumten.

Aber das, was die auf Konsens ausgerichtete Erweiterung der Protestbewegung begründete, setzte ihr zugleich auch die inhaltlichen Grenzen. So beeindruckend sich die großen Massen zu aktivieren begannen; so anrührend, ja bewegend sie sich zum nicht ignorierbaren Protestkollektiv formierten, und so erstaunt man das dramatische Schauspiel einer aus apathisch scheinender Lethargie erwachten Menschenmasse registrieren durfte, so war auch unverkennbar, was in diesen Wochen des sozialen Aufschreis ausgespart blieb. Da war zum einen *der Kapitalismus* kein Thema, das man auch nur im geringsten zu hinterfragen gedachte. Zwar thematisierte man mit gebührender populistischer Empörung die monströse Machtakkumulation der Tycoons, die mittlerweile große Teil der israelischen Wirtschaft in ihrem Griff haben, forderte auch ihre massive Besteuerung und regulierte Machteinschränkung. Aber alle ökonomischen Maßnahmen, die man (unter Beratung kompetenter fachlicher Kräfte) auf die lange Liste assertiver Forderungen an die Regierung (bzw. dem von ihr eingesetzten Ausschuss) setzte, nahmen sich aus, als wolle man lediglich die Steinchen eines festgefügten Mosaiks ein wenig verschieben bzw. umstellen, ohne aber das Mosaik als solches bzw. die ihm zugrunde liegende Anordnungslogik infrage zu stellen. Die reformerische Ausrichtung der Forderungen indizierte deutlich, dass es nicht um Systemkritik, schon gar nicht um fundamentale Systemkritik ging, sondern um die Modifikation dessen, was in seiner Grundstruktur und deren Logik die Misere erst eigentlich generiert hatte – und immer wieder generieren muss. Von Netanjahu und seinem Umfeld anfangs beschuldigt, radikale Linke zu sein, die lediglich auf seinen Sturz aus seien, fühlten sich die Führer der Bewegung auf Pressekonferenzen und anderen medialen Verlautbarungen bemüßigt, hervorzuheben, dass sie keine Kommunisten, ja nicht einmal Sozialisten seien, sondern nur einfache Bürger, die auf ihr Recht auf »soziale Gerechtigkeit« pochten. Über den Wirkzusammenhang von System und Krise, von Gesellschaftsstruktur und sozialer Ungerechtigkeit verloren sie keinen Gedanken, und wenn er hier und da doch auftauchte, wurde er schleunigst verdrängt bzw. bewusst beschwiegen – man wollte eben *to eat the cake and have it.*

Zum zweiten achtete die Führung der Protestbewegung von Anbeginn darauf, dass die israelische *Besatzung der palästinensischen Gebiete* im Rahmen der Protestaktivitäten ja nicht zum Thema erhoben werde. Man wollte, wie es hieß, die soziale Empörung nicht »politisieren«. Was sich dabei für einen europäischen Linken abstrus anhören mag (eine Massenbewegung von 400 000 Menschen auf Israels Straßen, die »soziale Gerechtigkeit« fordert, als »nicht politisch« zu apostrophieren), hat seine spezifische israelische Bewandtnis: Unter »Politisierung« versteht man hierzulande die Unterteilung in Parteizugehörigkeit bzw. -affinität hinsichtlich der Einstellung zur Okkupation und zum Siedlungswerk. Als »links« gelten Friedensbewegte, die einen territorialen Kompromiss mit den Palästinensern, mithin die baldige Gründung eines souveränen palästinensischen Staates anstreben. Für »rechts« erachtet man jene, die sich solcher Bestrebung ideologisch widersetzen. Die soziale Linke hat in Israels politischer Kultur weitgehend ausgespielt, seitdem sich die Parteien, die sich historisch linker gesellschaftlicher Sicht und sozialer Politik verschrieben hatten (allen voran die Arbeitspartei), sich im Zuge der rigiden Neoliberalisierung der israelischen Ökonomie des historischen Auftrags, der ihre politische Raison d'être ausgemacht hatte, entledigten. Es war bezeichnend, dass Shelly Yachimovitsch, neue Vorsitzende der Arbeitspartei, die sich seit Jahren als genuine Vertreterin einer konsequenten sozialdemokratischen Ausrichtung aufs Sozial-Ökonomische hervorgetan hat, sich über den fortwesenden israelisch-palästinensischen Konflikt und dessen Lösung beharrlich ausschwieg, um auf der Höhe der Protestbewegung in einem viel beachteten Interview mit der Tageszeitung *Haaretz* zu verkünden, die Besatzung beschäftige sie nicht sonderlich, sie empfinde gar eine gewisse Empathie für die Siedler und dergleichen mehr an politisch rechtsgerichtetem Gedankengut. Yachimowitsch ist Symptom: Ihr sich abzeichnender parteilicher Erfolg, der von der Massenprotestbewegung stark profitierte, war das parteiliche Spiegelbild der Haltung der Protestbewegung. Dass diese dabei meinte, dies taktisch tun zu sollen, um die Anhänger der Bewegung nicht durch die Debatte über das Besatzungsregime und das Siedlungswerk zu spalten, bezeugt, wie wenig die Führung der Bewegung sich klarzumachen bereit war, dass die Okkupation nicht nur ein völkerrechtliches und moralisches, sondern auch ein gravierendes ökonomisches Problem darstellt, mithin in engem kausalen Nexus mit dem steht, wogegen die Bewegung sich empörte. Man kann schlechterdings nicht »soziale Gerechtigkeit« fordern und zugleich ein vom eigenen Land betriebenes brutales Okkupationsregime hinnehmen, ohne dabei zutiefst ideologisch zu werden.

Zum dritten konnte die Regierung, gegen deren Politik sich die Protestbewegung empörte, von einer für sie beruhigenden Gewissheit ausgehen: Die Demonstranten würden keine der *nationalen Konsensgrenzen* überschreiten, kein Tabu brechen. Das alte, gewitzte Diktum, in Deutschland des 19. Jahrhunderts habe keine bürgerliche Revolution gelingen können, weil es verboten war, den Rasen zu betreten, spiegelte sich als eine Art mentalen Pendants in Gesinnung und Aktionsausrichtung des »israelischen Sommers« wider. Exemplarisch manifestierte sich dies in zwei Punkten: strikte Verhinderung von Gewaltanwendung seitens der Protestler und Einhaltung nicht hinterfragbaren Zivilgehorsams im Hinblick auf nationale »Prioritäten«. Als es zu Beginn der Proteste zum Gerangel zwischen Polizei und Demonstranten kam, waren es die verprügelten Demonstranten, die, im Fernsehen danach befragt, die Polizisten symbolisch umarmten und sich mit ihnen (als deren Interessensvertreter) verbrüdern wollten. Und als der Vorsitzende der israelischen Studentenvereinigung, Itzik Shmuly, prominenter Führer der Protestbewegung, gefragt wurde, was er tun würde, wenn man ihn während der rasanten Sturmtage des Protestes zum militärischen Reservedienst beorderte, zögerte er keine Sekunde lang zu deklarieren, er würde seine Sachen sofort packen, um in der Armee seine Pflicht zu erfüllen. Dass genau das eine der Regierung zur Verfügung stehende Trumpfkarte sein dürfte, konnte – wie bestellt – erprobt werden, als es nach einem mörderischen Terroranschlag an der Südgrenze Israels zum Gegenschlag des israelischen Militärs und zur letalen Kollision mit ägyptischen Streitkräften in der Sinai-Halbinsel kam. Eine für jenes Wochenende ausgerufene Massendemonstration wurde sofort abgeblasen, und in den Medien war nichts von Protesten zu hören und zu sehen. Nicht von ungefähr begann das kritische Feuilleton zu spekulieren, dass, wenn die »Sicherheitsfrage« als probates Mittel zur Eindämmung von zivilem Aufstand funktionalisiert werden kann, es nicht auszuschließen sei, dass man gegebenenfalls für »Brenzligkeit« an den Grenzen sorgen werde. Dies umso mehr, als es sowohl im Interesse eines Assad in Syrien als auch Netanjahus in Israel liegen mag, durch gezielt gesteuerte Anheizung der Situation an der Grenze von innenpolitischem Druck abzulenken, mithin die innere Kollektivkohäsion zu festigen.

Was also war der »israelische Sommer« von 2011? Eines war er gewiss nicht: Er war keine Revolution, ja nicht einmal eine Rebellion. Denn weder trachteten seine Träger, Systemstrukturen aufzubrechen, noch wollten sie die etablierte politische Macht stürzen. Der »israelische Sommer« war eine bemerkenswerte Protestbewegung von (in Israel) nie gekanntem Ausmaß. Als solche mag sie indizieren, dass es den Massen um noch etwas anderes ging als um Mietpreise und Lebenshaltungskosten, etwas, dessen sich diese Massen und ihrer Führer bislang noch nicht bewusst sind bzw. sich noch nicht zu artikulieren getrauen: Die Bekundung eines tiefen Unbehagens an der Sackgasse, in die sich Israel manövriert hat. Eine Sackgasse ist es allerdings, aus der man nicht herauskommt, ohne das Festgefahrene in Außen- wie Innenpolitik zugleich mit den sozial-ökonomischen Strukturen und ihren Auswirkungen auf die Bevölkerung resolut anvisieren und angehen zu wollen. Es könnte sonst zu einem horrenden israelischen Winter mit unausdenkbaren Folgen kommen. Nicht ausgeschlossen, dass diese grauenerfüllte Vorahnung einen Großteil der israelischen Bevölkerung bereits erfasst hat und umtreibt. Die Protestbewegung dieses Sommers könnte, so besehen, nur die Spitze eines Eisbergs gewesen sein.

Was das aber für die israelische Demokratie bedeuten mag, steht vorläufig in den Sternen. Die Protestbewegung des Sommers 2011 ist so schnell untergegangen, wie sie an die gebieterischen Grenzen des strukturbedingten nationalen Konsenses gelangte. Es sind gleichwohl genau diese historischen, politischen und ideologischen Strukturbedingungen, die die formalen Vorgaben der israelischen Demokratie immer wieder aushöhlen. Eine »Villa im Dschungel«? Ginge es nicht um Ernstzunehmendes, ja um Israels historisches Schicksal, dürfte man müde lächelnd abwinken.

Vom Willen

»Wenn ihr wollt, ist es kein Märchen«, lautete das Diktum Theodor Herzls, das zum populären Motto des politischen Zionismus avancieren sollte. Der von ihm als Prämisse des gesamten zionistischen Projekts gesetzte Wille bezog sich dabei auf eine als Möglichkeit anvisierte geschichtliche Zukunft, vom Flair des Utopischen beseelt, aber bereits unter den Voraussetzungen des historisch Möglichen formuliert. Ein Graffito mit dem Abbild Herzls, welches in den letzten Jahren auf Tel-Avivs Häuserwänden zu sehen ist, enthält den Spruch »Wollt ihr nicht – dann eben nicht«. Die hier satirisch verwendete Willenskategorie nimmt dabei Bezug auf Herzls historisches Diktum, jedoch im Ton des sarkastischen Rückblicks aufs bereits Abgelaufene. Die in der Emphase Theodor Herzls angelegte politische Hoffnung ist ein Jahrhundert später einer (wie immer witzig eingefassten) desillusionierten Einsicht gewichen. Man sollte die in beiden Sprüchen indizierte historische Dimension nicht unterschätzen. Was sich auf Tel-Avivs Straßen kundtut, ist bei aller intertextueller Komik auch bittere Erkenntnis.

Willen ist eine philosophiegeschichtlich beladene Kategorie. Schopenhauer verwendet sie bekanntlich als »Lösung« für das Rätsel des Kant'schen Ding-an-sich. Der Wille gilt ihm dabei als eine außerhalb alles Vernünftigen wirkende Kraft, die nicht nur den Einzelmenschen, nicht nur das menschliche Kollektiv, sondern auch die organische und anorganische Natur, ja die Gestirne und das Universum insgesamt antreibt. Es ist ein sich seiner selbst nicht bewusster Wille, der zu nichts anderem fähig ist, als seinem Willensantrieb zu folgen – ein wollender Wille. Als solcher kollidiert er zwangsläufig mit der menschlichen Weltwirklichkeit, die sich historisch-zivilisatorisch formiert, mithin als Kultur leidenschaftlichem Verlangen Grenzen setzt, um menschliches

Zusammenleben erst eigentlich zu ermöglichen. Diese Einsicht in die conditio humana findet ihren (freilich aufs rein Menschliche reduzierten) Nachhall noch in der Freud'schen eines strukturell unüberwindbaren Unbehagens in der Kultur. Nietzsche, der die Willenskategorie Schopenhauers übernimmt, widersetzt sich gleichwohl der »praktischen« Schlussfolgerung, die Schopenhauer aus diesem fundamentalen zivilisatorischen Konflikt zieht, die Verneinung des Willens als Ursprung und Ursache alles menschlichen Leids. Statt der von Schopenhauer postulierten Negation des Willens fordert er dessen existenzielle Bejahung und leitet daraus eine Philosophie ab, die sich im Wesen gegen alles Kulturelle, das der Authentizität des Menschen als Willenssubjekt zuwider wirkt, wendet. Die dabei entstehenden Aporien mögen hier unerörtert bleiben. Es reicht hin, auf den Doppelcharakters von Freuds Diktum »Wo Es war, soll Ich werden« zu verweisen, um zu begreifen, dass das Aufgeklärte dieses Postulats zwangsläufig auch eine repressive Dimension in sich birgt und perpetuiert. Was sich indes für den hier erörterten Zusammenhang als von großer Relevanz erweist, ist die Mehrschichtigkeit dieser Willenskategorie: Zwar ist hier nicht die Rede von einem kosmischen Weltwillen im Sinne Schopenhauers, sehr wohl aber davon, dass der Wille zum einen eine kognitive Dimension aufweist, in der sich das äußerlich-dezidiert Gewollte artikuliert, zum anderen aber eine unbewusst waltende Dimension, die mit dem bewusst Bekundeten, dem emphatisch Proklamierten in einem Gegensatz, ja im Widerspruch stehen mag.

Anvisiert wird hier allerdings nicht ein Unbewusstes, welches das Walten einer einzelmenschlichen Triebdynamik und -ökonomie im Freud'schen Sinne zum Inhalt hat, sondern ein kollektives Unbewusstes, das sich als ein Uneingestandenes erweist, wobei dies Uneingestandene sich aus der Logik des Widerspruchs zwischen ideologischer Deklaration und realer Handlung, zwischen bekundeter Wertsetzung und praktizierter Unterwanderung von offiziell Angestrebtem ableitet. So besehen, handelt es sich hier um eine Vermutung, die die Strukturlogik einer historischen Aporie zu ergründen sucht, dabei aber auf eine positivistische Evidenz verzichten muss; denn das ist ja der Charakter des Ideologischen – es verdeckt in konsensuell akzeptierter Manier das, was nicht akzeptiert werden kann, weil es dem Selbstbild und der Selbstdarstellung objektiv zuwiderläuft. Dabei geht es nicht primär um eine narzisstische Kränkung (wiewohl auch sie mit eine Rolle spielt), sondern vor allem um eine historische Praxis, die sich ihrer selbst (unbewusst) nie wirklich sicher war bzw. sich von Anbeginn selbst (unbewusst) in Zweifel zog.

Das zionistische Projekt, von dem hier die Rede ist, stand, so besehen, immer schon auf unstetem Boden. Von Anfang an zeichnete es sich durch den Doppelcharakter seiner Raison d'être: Er bildete sich einerseits reaktiv, indem er sich – ex negativo – als Antwort auf den modernen Antisemitismus im europäischen Westen verstand, mithin fremdbestimmt angetrieben war. Andererseits formierte er sich aktivistisch – auch in dieser Hinsicht freilich negativ bestimmt, denn der »Neue Jude«, denn er zu erschaffen gedachte, stellte sich vor allem als das Negativum des ideologisch, aber eben auch lebensweltlich real zu überwindenden diasporischen Juden dar. Dieser Doppelzug des Zionismus wirkte sich strukturell verschiedentlich aus.

Zunächst und vor allem: Der negative Entstehungsantrieb ließ äußere Bedrohungen als Kriterium der Selbstvergewisserung zum Grundbedürfnis der zionistischen Ideologie gerinnen. Ob als real bedrohliche Sicherheitslage im Konflikt mit der arabischen Welt, als staatlich gefördertes Shoah-Gedenken oder als staatsoffizielle Wahrnehmung des Antisemitismus in der heutigen Welt, stets befleißigte sich die Ideologie des zionistischen Staates der Fetischisierung des Sicherheitsproblems, der Instrumentalisierung der Holocaust-Erinnerung und der Heraufbeschwörung des Antisemitismus weltweit. Das will wohlverstanden sein: Das Sicherheitsproblem hatte (und hat) einen realen Kern, die Shoah war (und ist) die traumatische Katastrophe des jüdischen Volkes im modernen Zeitalter, und der Antisemitismus zeigt seine Fratze nach wie vor an verschiedenen Orten auf dem Globus. Worum es hier aber geht, ist die Ideologisierung all dieser Bedrohlichkeiten, um den politischen Nutzen, den man ihnen abgewinnt, das fundamentale Bestreben, sie ja nicht verschwinden bzw. vergehen zu lassen. Überspitzt (gleichwohl relevant) formuliert: Gäbe es den Antisemitismus oder das Sicherheitsproblem nicht, müsste sie sich das zionistische Israel nachgerade erfinden. Denn die Ideologisierung ist das Fundament, bildet die Grundmatrix des Selbstverständnisses des zionistischen Israels. Davon sind die Polenfahrten israelischer Schulklassen und Soldaten, die Reden israelischer Staatshäupter auf internationalen Foren, die gesamte israelische Diplomatie und Israels Sicherheitspolitik, die Diskurse um »die iranische Atombombe«, um den »Hamas-Terror«, um den »Antisemitismus« der europäischen Israelkritik und dergleichen mehr Praktiken, welche sich allesamt der »Bedrohung Israels« verschwistert wissen, beseelt. Israels politische Kultur speist sich primär aus dem zur nicht hinterfragbaren Ideologie verhärteten Gefühl permanenter Bedrohung. Die historische Katastrophe geriet ihr zum heteronomen Argument, Leiderfahrung und Angst zum propagandistischen Kapital. Die oben abgehandelte Opfer- bzw. Selbstviktimierungsideologie gehört in diesen Zusammenhang. Von Bedeutung ist dabei nicht nur, wie die Träger dieser Ideologie es fertig bringen, sich für die realen Herrschafts- und Gewaltverhältnisse blind zu machen, sondern auch, wie sie die eigene verbrecherische Gewalt zu rationalisieren vermögen, mithin historische Opfer-Täter-Rollen, auf die sie sich berufen, durch entstellende Vereinnahmung vertauschen und gerade darin das Andenken an die historischen Opfer im Stande ihres Opferseins verraten.

Der andere – aktivistische – Grundzug des Zionismus manifestierte sich geschichtlich primär in einem unüberwindbar scheinenden expansionistischen Drang. Die ideologischen Voraussetzung dafür leiteten sich von der realen Lage der Juden in den Anfängen des Zionismus ab: Man hatte die Gründung eines Judenstaates beschlossen, das anvisierte Territorium für diesen Staat befand sich jedoch nicht in jüdischem Besitz; also musste man dieses Territorium in Besitz nehmen. Das Ideologem dafür war schnell formuliert: Ein Land ohne Volk für ein Volk ohne Land. Hinzu kam der »historische« Anspruch: handelte es sich doch um das den Urvätern von Gott eigens verheißene Land. Nicht nur schuf man dadurch eine noch in Bibelzeiten wurzelnde Kontinuität jüdischen Anspruchs aufs Heilige Land, sondern man verschaffte auch der Religion als Legitimationsmittel einen Eingang durch die Hintertür in den sich im Wesen säkular wähnenden Zionismus. Dies sollte spätestens mit dem in den 1970er-Jahren ansetzenden Siedlungswerk im Westjordanland eine strukturelle Auswirkung von historischem Ausmaß zeitigen. Denn während sich der ursprüngliche Expansionismus politisch, ökonomisch und militärisch zu legitimieren trachtete, drang mit der vor allem von Nationalreligiösen vollführten, messianisch beseelten Siedlungspraxis ein religiöser Faktor in Israels Realpolitik ein, der sich ab einem bestimmten Zeitpunkt kaum noch der offiziellen Staatsräson, dafür umso mehr dem religiösen Schiedsspruch nationalreligiöser Rabbiner verpflichtet sah. Es sei dies hier hervorgehoben, denn zwar sollten sich bald alle israelischen Regierungen mit den Siedlern ins ideologische Einvernehmen setzen, und doch hatte die religiöse Einfärbung der Legitimationsgrundlage der real betriebenen Siedlungspraxis ein irrationales Moment mit weitreichenden Folgen für Israels Politik generiert.

Aber schon vorher – wie gesagt, seit Anbeginn des politischen Zionismus – kam der Expansionismus geschichtlich zum Tragen. Der objektive Zwang, das Land erst eigentlich, sei es durch Kauf, sei es durch Kampf, gewinnen zu müssen; die in der vorstaatlichen Ära entwickelte Strategie von *homa u'migdal* (Mauer und Turm), die die »spontan« besiedelten Gebiete mit Blick auf das späterhin zu vereinheitlichende Territorium markierte; der 1948er-Krieg (der Israel freilich aufoktroyiert war); die »Judaisierung« des Galils, der systematischen demographischen Anreicherung der Galil-Bevölkerung durch Juden, im Norden Israels nach der Staatsgründung – all diese (und viele weiteren) Stationen des Zionismus, die einer Entwicklungslogik im Hinblick auf die territoriale Konsolidierung des Judenstaates folgten, wurden dann ab 1967 von einer neuen, der Okkupationslogik gehorchenden Politpraxis beerbt. Man kann diese von der vorhergehenden Geschichte des Zionismus abtrennen wollen; so verfahren jene, die das Besatzungsregime für ein Israels Zukunft bedrohendes Unglück erachten, mithin der Zwei-Staaten-Lösung das Wort reden. Man kann aber die Besatzungsphase durchaus auch als Fortsetzung dessen betrachten, was vor 1967 im zionistischen Streben angelegt war; so denken diejenigen, die das gesamte zionistische Projekt für ein kolonialistisches Unterfangen halten, mithin den Beginn des im Nahostkonflikt manifestierten Problems, schon 1948, wenn nicht gar 1897 datieren. Für den hier erörterten Zusammenhang ist indes von Bedeutung, dass der zionistische Aktivismus sich von Anbeginn auf territoriale Expansion ausgerichtet sah, ob nun aus historischem Zwang, aus demografischen Erwägungen und den von ihnen abgeleiteten spezifischen Siedlungssituationen oder eben als ein perpetuiertes Muster, bei dem die existenzlogische, demographische oder religiöse Rationalisierung des Drangs nach territorialer Ausbreitung lediglich verschiedene Erscheinungen einer im Wesen des Zionismus angelegten Expansionsideologie darstellen.

Beide ideologischen Grundzüge des Zionismus – der der Selbstviktimierung und der des Expansionismus – stehen in einem (wiederum ideologisch verfestigten) komplementären Verhältnis zueinander. Denn was als expansive Landnahme sich als objektive Notwendigkeit ausnahm, musste subjektiv legitimiert werden: Dies mochte als irrationale Gottverheißung erfolgen (was allerdings mit der säkularen Grundausrichtung des Zionismus ursprünglich kaum vereinbar war) oder aber als eine angesichts langer historischer Leiderfahrung gerechtfertigte Selbstbestimmungspraxis, namentlich als das aus Notwendigkeit geborene Postulat der Aufhebung allen diasporischen Daseins. Dieses stufenweise sich einstellende komplementäre Verhältnis entwickelte eine eigentümliche Eigendynamik: Je mehr sich Israel in der Gewaltausübung der Okkupation verfing, desto intensiver steigerte sich die Emphase der Selbstviktimierung, mithin die Apostrophierung aller Kritik an Israels Politik als Antisemitismus. Es geht dabei großteils um bewusste ideologische Manipulation, was nicht darüber hinwegtäuschen sollte, dass in der Manipulation auch eine Schuldabwehr angelegt ist, und zwar die einer zweifachen Schuld: So wie der klassische Zionismus sich des »Vatermords« an der halachisch-diaporischen Judenheit schuldig gemacht hat, hat er mit der Staatsgründung (infolge ebendieses »Vatermords«) auf Kosten der Palästinenser eine weitere historische Schuld auf sich geladen. Der gängige Hass auf die orthodoxen Juden in Israel wie denn die hasserfüllte Feindschaft gegen die Palästinenser sind beredter Ausdruck der konsensuellen Reaktion auf das, was man in Abrede stellen muss, wenn man mit sich im Reinen weiterleben möchte. Bei Nietzsche formuliert sich dies wie folgt: »›Das habe ich getan‹, sagt mein Gedächtnis. ›Das kann ich nicht getan haben‹, sagt mein Stolz und bleibt unerbittlich. Endlich – gibt das Gedächtnis nach.« Wenn das Selbstbild des Zionismus intakt bleiben soll, darf er sich nicht durch historische Täterschaft besudelt haben. Daher das schmähende Verhältnis zum orthodoxen Judentum, in dessen Absage an das zionistische Projekt, mithin an den (das messianische Endzeit beschleunigt voranziehenden) Expansionismus, man unverzeihlich primitive Verblendung gewahrt. Daher auch der perpetuierte Hass auf die Palästinenser, als deren Opfer man sich selbstviktimierend sieht, indem man sie pauschal als Terroristen abstempelt, ohne sich je darüber ehrliche Rechenschaft darüber abzulegen, wie es zur palästinensischen Gewaltbereitschaft kommt und auf welche viel schlimmere Gewalt sie reagiert.

Das Bestechende an dieser ideologischen Verblendung liegt in der einheitlichen Zusammenführung der realpolitischen Argumentation, des historischen Anspruchs und der Rechtfertigung kraft religiöser Determination, welche ihrerseits den rationalen politischen Diskurs an prekären Schnittstellen außer Kraft setzt. Dies ist spätestens seit 1967 daraus zu erklären, dass die säkulare Großisrael-Ideologie der revisionistischen Herut- und späteren Likud-Partei sich mit dem von den nationalreligiösen Siedlern proklamierten Postulat der Gottverheißung und der Rückkehr in das Land der Urväter letztlich deckt. Darin manifestiert sich ein entscheidender Faktor dessen, was hier als die historische Sackgasse des Zionismus anvisiert wird. Denn es war nicht nur eine politische Wahlverwandtschaft, die sich da konstruierte und verhärtete, sondern man sah sich in der Tat dahingehend genuin verwandt, als man eine alternativlose Bestimmung verfolgt(e): Mit Gott diskutiert man nicht, so wie man aufhört ein Likud-Mensch zu sein, wenn man das ideologische Erbteil des zionistischen Revisionismus, den Anspruch auf ganz Eretz Israel, aufgibt. Begin mochte die okkupierte Sinai-Halbinsel für den Frieden mit den Ägyptern abgeben; Sharon den Gazastreifen räumen; vielleicht wird man sich auch für einen Frieden mit den Syrern von den Golanhöhen zurückziehen – aber keinen Likud-Politiker, der sich ideologisch tatsächlich als solcher versteht, käme es in den Sinn, das Westjordanland zu räumen. Netanyahus Bekenntnis zur Zwei-Staaten-Lösung war von Anbeginn nichts als ein Lippenbekenntnis. Er weiß besser als jeder andere, dass er seine Macht unweigerlich verlöre, wenn er sich auch nur einfallen ließe, diese Lösung auch verwirklichen zu wollen.

Zu fragen bleibt gleichwohl, ob es sich dabei primär um eine »von oben« kommende Partei-Ideologie handelt, die es in einem legitimen politischen Kampf immer wieder schafft, Mehrheiten konsolidierend in sich zu versammeln. Oder hat man es hier mit einem genuinen »Volkswillen« zu tun, dem besagte Partei-Ideologie lediglich willfahrt. Beides wird man wohl annehmen dürfen, mithin dass jede Möglichkeit die je andere verfestigt, zumal sich ja beide Möglichkeiten nicht gegenseitig ausschließen. Und doch ist damit noch nicht geklärt, warum dem so ist bzw. warum die meisten Israelis seit Jahrzehnten immer wieder Parteienkonstellationen wählen, von denen sie wissen, dass die sich aus ihnen bildenden Regierungen jeden sich real anbahnenden Friedensweg blockieren werden. Die so gestellte Frage möchte keinesfalls ignorieren, dass in Israel auch immer friedensbewegte Oppositionskräfte aktiv waren; sie möchte auch mitnichten den von Yitzhak Rabin angetriebenen Oslo-Prozess, den man für die vielleicht chancenreichste Initiative zur Beilegung des israelisch-palästinensischen Konflikts erachten darf, unterschätzen. Aber gerade deshalb kann sie sich auch nicht der komplementären Frage entziehen, warum besagte Friedenskräfte im Endresultat stets scheiterten (und scheitern) bzw. sich inzwischen in Melancholie und Depression zurückgezogen haben; und wie es dazu kam, dass der israelische Initiator des Oslo-Prozesses umgebracht wurde, dass man sich unmittelbar nach diesem Mord einer ideologischen Kampagne der »nationalen Versöhnung« verschrieb, ohne sich auch nur einfallen zu lassen, das politische Lager, das den Mord letztlich verschuldet hatte, zur politischen Rechenschaft zu ziehen, und dass der Oslo-Prozess selbst heutzutage den meisten Israelis als Irrweg und sehr vielen unter ihnen gar als »Verbrechen« gilt. Man wird sich in diesem Zusammenhang auch fragen dürfen, ob es Zufall war, dass Shimon Peres nach Rabins Ermordung unter den besten für ihn als Machtpolitiker bestehenden Bedingungen es geschafft hat, die Knesset-Wahl (an Netanyahu) zu verlieren.

Natürlich wird man bei der Beantwortung dieser gravierenden Fragen nicht die Seite der Palästinenser unbeachtet lassen dürfen. Israels ehemaliger Außenminister Abba Eban hat in diesem Kontext das berüchtigte Diktum geprägt »Die Palästinenser haben noch nie eine Gelegenheit ausgelassen, um eine Chance [für den Frieden] zu verpassen«. In der Tat darf behauptet werden, dass die Bereitschaft der Palästinenser zum Frieden mit Israel nie eindeutig war, oft von merklicher Ambivalenz getragen wurde, nicht selten aber auch von einem Ressentiment geladenen Widerwillen beseelt war. Insbesondere das politische Handeln des charismatischen Palästinenserführers Jassir Arafats war in dieser Hinsicht zumeist durch eine bestimmte Unbestimmtheit gekennzeichnet. Und doch birgt Abba Ebans Spruch objektiv eine ideologisch prästabilisierte Arroganz in sich, ein Über-den-realen-Verhältnissen-Stehen, das sich blind macht für die wechselhafte Bedeutung von »Gelegenheiten« und »Chancen« in unterschiedlichen historischen Macht- und Herrschaftskonstellationen. Denn sein Spruch suggeriert eine israelische Benevolenz, wo keine besteht. Der als friedensbewegt und moderat in die Politannalen des Zionismus eingegangene Staatsmann vermochte sich offenbar keine Rechenschaft darüber abzulegen, mit welcher Überheblichkeit von angebotenen Friedenschancen geredet wurde (und wird), so als handle es sich um vom Herrn dem Knecht gewährte Gefälligkeiten. Insofern enthalten seine Worte einen wichtigen Wahrheitskern: Sie widerspiegeln die realen Machtverhältnisse, die zwischen Israelis und Palästinenser von Anbeginn bestanden haben, repressive Herrschaftsverhältnisse, bei denen nie von einer symmetrischen Kongruenz die Rede sein konnte. Der Kampf der Palästinenser gegen Israel hat Israel nie bedrohen können; er war selbst in Zeiten schlimmsten palästinensischen Terrors stets nur von symbolischem Stellenwert; er konnte Israel belästigen, Israels Existenz hingegen nie real infrage stellen. Was die Palästinenser als politische Waffe in der Hand hatten, war – spätestens nachdem sie Israel im Jahre 1988 anerkannt und ihren Anspruch auf ganz Palästina somit auch auf politisch-rhetorischer Ebene aufgegeben hatten – einzig ihre Weigerung, auf die von Israel angebotenen politischen Krümel, die sich als generöse »Friedenschancen« ausgaben, einzugehen. Was immer sich dabei als »unangemessenes« Zögern auf palästinensischer Seite ausnahm, war letztlich nichts als ein Epiphänomen des von Israel real beherrschten Verhandlungsdiskurses, denn – und das ist ein entscheidendes Denn – Israel, einzig Israel hatte etwas materiell in der Hand, das es hätte um des Friedens willen »geben« können; Israel, einzig Israel hätte den real gangbaren Friedensweg bestimmen und begehen können. Die Palästinenser als die Schwachen in diesem Konflikt konnten da nur reaktiv handeln. Die Reaktion auf ein *reales* Friedensangebot hätte entsprechend ganz anders ausfallen können, als was die nimmermüde israelische Propaganda – den Mangel an Friedensbereitschaft auf palästinensischer Seite unentwegt proklamierend – zu suggerieren trachtete. Das von Ehud Barak erstmals geprägte und seitdem kolportierte Ideologem, es gebe »keinen Partner« (für Frieden) unter den Palästinensern, ist nie wirklich auf die Probe gestellt worden. Ein für die Palästinenser akzeptables Angebot hätte von Seiten Israels kommen müssen; nur Israel hat es in der Hand, ein solch reales Friedensangebot, das die letzten palästinensischen Bedenken zu demontieren vermag, zu machen.

Aber Israel will den Frieden nicht. Es kann ihn nicht wollen, weil ein realer Frieden Israel den Abschied von einem tief eingefrästen Muster seines Selbstverständnisses, die Auflösung der Matrix seines ideologischen Selbstbildes abfordern würde. Die israelische politische Kultur kennt nur »Sicherheit« als begreifbare Substanz ihrer Raison d'être. Daher huldigt sie »mythologischen« Kriegshelden, die sich teilweise mit Kriegsverbrechen besudelt und durch brachialen Gewaltgestus ausgezeichnet haben. Sie huldigt auch der zum säkularen Heiligtum hochideologisierten Armee (IDF), der sie bescheinigt, »die moralischste Armee der Welt zu sein«. Sie beruft sich dabei historisch auf die jüdische Verfolgungsgeschichte unter inflationärer Hervorhebung der Shoah (deren Andenken sie stets für heteronome politische Belange schändlich zu instrumentalisieren verstand); kollektivpsychologisch stützt sie sich auf einen zu Höchstleistungen demagogischer politischer Manipulation gesteigerten Diskurs der Selbstviktimierung. Israel kann aber den Frieden auch deshalb nicht wollen, weil die Rückgabe besetzter Territorien, die für einen solchen Frieden unabdingbar wäre, nicht nur macht- und herrschafts-, also parteipolitisch mächtige Schwierigkeiten zeitigen würde – was ist für einen Machtpolitiker vom Schlage Netanyahus katastrophaler als Machtverlust? –, sondern weil es auch dem expansiven Drang als Grundantrieb des Zionismus religiöser wie säkularer Couleur zuwider wirken würde. Nicht nur der nationalreligiöse Siedler kämpft dafür, das »Land der Urväter«, das »uns« gehört, nie wieder verlassen zu sollen, sondern auch der säkulare Zionist hat sich stets schnell daran gewöhnt, besetztes Land als das eigene zu sehen. Die gängige Frage »Was kriegen wir dafür, wenn wir die Gebiete räumen?« kann seinem Selbstverständnis zufolge nicht mit »Frieden« beantwortet werden. Frieden? Was soll er mit Frieden, wo er doch auf Materielles verzichtet hat? Er redet dabei von »Verzicht«, was völlig mit der ideologischen Grundmatrix des Zionismus übereinstimmt: Der politische Zionismus war von Anbeginn der festen Überzeugung, dass Eretz Israel das Land des jüdischen Volkes sei (alternative Territorialvorstellungen, die es zu Beginn des Zionismus hier und da gab, hatten nie eine wirkliche Chance, sich durchsetzen); dass nach jahrhundertelanger Exilgeschichte ein »Volk ohne Land« in ein »Land ohne Volk« einzuziehen berufen sei; dass das Land durch seine Besiedlung »erlöst« werde (*ge'ulat ha'aretz*); dass es entsprechend nie (kolonisierenden oder sonst wie gearteten) Landraub, nie territorialen Expansionsdrang, nie eine Nakba (Katastrophe der Palästinenser im 1948er-Krieg), nie eine Naksa (Katastrophe der Palästinenser im 1967er-Krieg) gegeben habe. Wie soll man da auf Territorien, die einem gehören, weil sie de facto unter eigener Herrschaft stehen, »verzichten«? Nicht von ungefähr wurde Rabin von der rechten Propaganda im Jahre 1995 bezichtigt, den Zionismus zu »verraten«, weil er sich auf einen Frieden unter Rückzug aus den besetzten Gebieten einzulassen bereit war. Bezeichnend ist aber auch, wie seiner Ermordung von sehr vielen, nicht nur rechtsextrem gesinnten Israelis – moderater, aber sich durchaus aus demselben Gefühlsideologem speisend – mit »Verständnis« begegnet wurde: Er habe »übereilt« gehandelt, habe zu schnell »verzichten« wollen; das Attentat auf ihn sei zwar ein »Trauma«, aber man müsse sich schnellstmöglich wieder der »nationalen Versöhnung«, der inneren »Einheit« verschreiben. Man schwadroniert heute in Israel zwar noch zuweilen von »Rabins Vermächtnis«, aber den allermeisten Israelis gilt er längst, wenn schon nicht als »Oslo-Verbrecher«, dessen »Vermächtnis« ausgemerzt gehöre, so doch als Manifestation politischer Weltfremdheit und politischer Naivität. Er wollte (vielleicht), man höre und staune, den Frieden.

Ein weiteres Mal also: Warum verweigert sich der Zionismus dem realen Frieden mit den Palästinensern, mithin der unabdingbaren Voraussetzung seiner Selbsterhaltung? Warum betreibt er seine historische Selbstauflösung? Die Frage mag sich merkwürdig ausnehmen gemessen an der Fülle unabweisbarer Erfolge des Zionismus im 20. Jahrhundert. Israel ist ein Staat, der unter widrigsten geschichtlichen Bedingungen zustande gekommen ist. Es ist ein Land, das Völkerrechtswidrigkeiten begeht, und ist doch ein blühendes Land mit merklichen Errungenschaften in Bereichen der Kultur, der Wissenschaft, der Technologie, der Infrastruktur – und ja, auch der Sicherheit. Es ist ein heterogenes Land mit großer Zerrissenheit und doch auch mit (wie immer strukturell unterwandertem) demokratischem Selbstanspruch. Man darf sich aber durch das historisch Erreichte und die beachtlichen Vergangenheitsleistungen nicht blenden und täuschen lassen. Es geht hier um den zum Beginn dieses Bandes skizzierten historischen Weg, den der Zionismus beschritten hat, bzw. um die historische Weggabelung, vor der er sich gestellt sieht, und um die strukturelle Sackgasse, in die er sich geschichtlich hineinmanövriert hat. Die Frage, warum der Zionismus seiner eigenen Auflösung zuarbeitet, kann nicht mit selbstgewissem Leistungs- und Erfolgspathos, auch nicht mit »realistischer« Macht- und Gewaltlogik im Nahostkonflikt konterkariert werden. Dafür ist das strukturelle Dilemma, dem sich der Zionismus ausgesetzt sieht, zu real, zu objektiv, zu unabweisbar.

Shmaryahu Levin, ein bedeutender Zionist, hat etwas Grundlegendes zum hier erörterten Thema formuliert, als er postulierte: »Es ist leichter, [das Volk] Israel aus der Diaspora herauszuführen, als die Diaspora aus [dem Volk] Israel«. Mit anderen Worten: Selbst die manifest verwirklichte Negation der Diaspora ist keine Garantie dafür, dass das Diasporische aus dem Gemüt der Juden entweichen werde. Diese merkwürdig anmutende Einsicht ist von vielen klassischen zionistischen Denkern und Führern in variierter Abwandlung geteilt worden. Kein anderer als Zeev Jabotinsky meinte: »Um den Staub der Diaspora von unserem Körper und unserer Seele abzuwaschen, [...] werden wir noch viel Zeit und Wasser brauchen«. Aharon David Gordon sprach davon, dass es »keine sicherere Zuflucht für uns auf der Welt gibt, als die Diaspora in uns«. Und Ben-Gurion warnte wiederholt vor der Möglichkeit, das jüdische Volk sei noch zu keinem staatlichen Leben fähig. Es ließen sich noch viele Beispiele für diesen Grundtenor des Selbstzweifels anführen, von dem der Zionismus immer schon begleitet hat. Während aber die Ideologen und Führer des klassischen Zionismus noch vom Pathos der Zuversicht beseelt waren, vom optimistischen Glauben daran, dass wenn man wollen wird, es kein Märchen bleiben werde; von der auf die Zukunft projizierten Hoffnung also, dass der Weg zwar beschwerlich sein, letztendlich aber zur erfolgreichen Verwirklichung des gesamten historischen Projekts führen werde – stellt sich heute die Frage wohl anders. Die Zukunft von damals ist schon längst zur ereignisreichen Vergangenheit geronnen, die damalige Hoffnung ist mittlerweile empirischen Prüfkriterien unterstellt worden. Und diese lassen keinen eindeutigen Schluss zu, jedenfalls keinen eindeutig positiven.

Denn unabhängig von der hier anvisierten strukturellen Sackgasse des Zionismus (wenn auch vielleicht als Symptom ihrer Genese), muss sich der Zionismus heute eingestehen, dass er zweierlei nicht zu erwirken vermochte. Zum einen lebt noch immer ein Großteil der Juden auf der Welt nicht in dem vom Zionismus für sie als eigene nationale Heimstätte eingerichteten Staat. D. h., es gibt zwar den Staat der Juden, und er darf sogar, wie gesagt, in Anspruch nehmen, eine »Erfolgsgeschichte« zu sein, aber sehr viele Juden sehen in ihm nicht das Land, in dem sie ihr reales Leben einrichten, ihre Familie gründen, ihre Kinder erziehen, ihren Beruf praktizieren wollen. Selbst nicht nach dem Holocaust, der nach zionistischem Verständnis *allen* Juden der Welt hätte klar machen müssen, dass Juden einzig in Israel in Sicherheit leben bzw. überhaupt als Juden wirklich leben könnten. Zum anderen hat aber der Zionismus ebendies nicht erreicht: Nach mehr als hundertjährigem Bestehen hat er das sichere Leben von Juden in ihrem (zionistischen) Land nicht zu garantieren vermocht. Die bittere Wahrheit ist, dass das Leben des jüdischen Einzelmenschen nirgends auf der Welt so gefährdet ist wie gerade in Israel; man kann auch einen Schritt weitergehen und behaupten, dass wenn die (von der israelischen Propaganda stets heraufbeschworene) Tendenz der Sicherheits- bzw. Bedrohungskonstellation anhält, nicht ausgemacht ist, dass sich die nächste jüdische Kollektivkatastrophe nicht gerade im nahöstlichen Israel ereignen werde. Wenn stimmt, was Netanyahu immer wieder mit Bezug auf Iran anmahnt, gibt es gute Gründe für Juden auf der Welt, ihr Leben *nicht* in Israel als »ihrem« Land planen zu wollen. (Wenn es übrigens nicht stimmt, gibt es für diese Juden gute Gründe, sich zu fragen, was das für ein Land sei, das mit derlei propagandistischen Lügen als seiner Raison d'être operiert, und warum sie in einem solchen Land leben wollen sollten).

Zweifel am Gelingen des zionistischen Projekts gab es schon immer. Viele Juden sind nach Israel eingewandert, viele aber auch ausgewandert. Die allermeisten haben sich, wenn auch aus der Ferne, mit Israel solidarisiert, haben es aber vorgezogen, die Ferne als solche beizubehalten. Nicht nur aus materiellen Gründen; denn immerhin haben materielle Beschwernisse Millionen von Juden nicht davon abgehalten, ihre Existenz in Israel aufzubauen. Auch nicht nur aus existenziellen Gründen; denn zwar sah man in der Wartezeit vor dem 1967er-Krieg einer »zweiten Shoah« entgegen, aber was dann kam, war ja ein phänomenaler israelischer Militärsieg. Der Grund war (und ist) ein anderer: Man muss sich heute fragen, ob der Zionismus selbst sich bzw. seine eigenen historischen Zielsetzungen je wirklich ernstgenommen hat. Er beabsichtigte, das gesamte jüdische Volk in Israel zu versammeln, hierarchisierte aber die in Israel angekommenen Juden und exkludierte sie aus hegemonialen Elitenstrukturen (Shoah-Überlebende und Juden orientalischer Provenienz als solche waren nicht seine »Lieblinge«). Er sah sich als Träger eines modernen, säkularen Gebildes, ließ aber die Religion durch die Hintertür wieder hinein, bis sie heute zu einem gravierenden Faktor der israelischen politischen Kultur angewachsen ist. Er gebärdete sich eine Zeitlang sozialistisch, generierte dann aber einen besonders harschen Kapitalismus, der Israel den zweifelhaften Ruhm einbrachte, eines der Staaten unter den entwickelten

Ländern mit einer besonders großen sozio-ökonomischen Kluft zu sein. Er gab sich aufgeklärt und emanzipativ (im Vergleich zu seiner geopolitischen Umwelt), erwies sich dann aber als expansiv, repressiv, Völker- und Menschenrecht missachtend. Er proklamierte souveräne Selbstbestimmung und »aufrechte nationale Haltung«, entwickelte aber dann die spezifisch israelische Mentalitätsmischung aus arroganter Missachtung des »Fremden«, provinziellem Kniefall vor dem »Westen« und selbstviktimierender Larmoyanz, basierend auf der Grundüberzeugung, dass alle Welt »gegen uns« sei. Von der objektiven Abhängigkeit von den USA und der sich daraus ergebenden Haltung des souveränen Schnorrers und stolzen Bittstellers, die freilich im Geflecht großer geopolitischer Interessen eingebettet ist, soll hier geschwiegen werden.

Nachhaltiger aber stellt sich die Frage nach der realen Motivation des historischen zionistischen Vorhabens angesichts der aktuellen Situation der eklatanten politischen Ausweglosigkeit. Warum betreibt der Zionismus seinen eigenen Untergang? Warum lässt er es zu, dass der religiöse Messianismus seine Zukunft bestimmt? Warum unterwandert Israel systematisch den Frieden, indem seine jüdischen Bürger immer wieder Parteien wählen, aus denen Regierungen gebildet werden, die den Frieden als Realität, den Frieden als politische Verwirklichung nicht wollen? Warum widersetzt sich das zionistische Israel der einzigen Perspektive, die ihm seinen Fortbestand als zionistischer Staat zu garantieren vermöchte? Man drehe und wende es, wie man will – es gibt nur eine mögliche rationale Antwort darauf: Israel kann nicht verwirklichen, was der Zionismus nie gewollt hat. Der Zionismus hat wohl deklariert, dass er eine nationale Heimstätte für die Juden zu errichten gedenkt, hat sich dann aber von – aus welchen historischen Gründen auch immer generierten – Grundantrieben anleiten lassen, die der Sicherheit, vor allem aber der gesicherten Permanenz dieser Heimstätte durchgehend zuwider wirkten.

Der Zionismus hat sich selbst bzw. seine proklamierten Ziele nie wirklich ernstgenommen. Er konnte nicht zeitigen, was er nicht wollte, und weil er nicht wollte, was er hätte nach eigenem Bekunden wollen müssen, ist seine Vision ein Märchen geblieben.

Der Zionismus treibt gegenwärtig seinem eigenen Untergang entgegen. Wird das auch das Ende Israels bedeuten? Wohl nicht das des materiell bestehenden Israels – Staaten und Gesellschaften lassen sich ja nicht eben-mal-so abschaffen. Aber das Ende des *zionistischen* Israels wird dieser Untergang zwangsläufig bedeuten. Ob dies einen nichtzionistischen Neubeginn mit emanzipativem Horizont zeitigen wird oder den langen Weg einer ruchlosen, faschistisch-repressiven Degeneration, kann zurzeit noch nicht vorausgesagt werden. Es wird – wieder einmal! – vom realen Willen der betroffenen historischen Kollektivsubjekte abhängen.